Les Merveilleuses Histoires du Tour de France

Jean-Paul Brouchon

Les Merveilleuses Histoires du Tour de France

ÉDITIONS JACOB-DUVERNET

Remerciements

À tous ceux qui, par leurs actes et leur amitié, m'ont transmis cette passion inébranlable pour le sport cycliste.

À tous ceux qui, par la voix, le texte et l'image, m'ont rendu éperdument amoureux du Tour de France.

J.-P. B.

SOMMAIRE

PRÉFACE

Merci, Jean-Paul, de l'honneur que tu me fais en me proposant de préfacer cet ouvrage retraçant les plus belles histoires de cent ans de Tour de France. Je me sens bien petit devant ce monument qui se dresse devant moi. Mais je vais faire comme d'habitude : laisser parler mon cœur et trouver le bon braquet.

J'ai eu le bonheur et la chance, car ce fut un bonheur et une chance inestimables, de participer à quatorze reprises au Tour de France en tant que coureur, et à vingt-sept reprises en tant que suiveur. La différence est grande entre ces deux statuts, mais ils se rejoignent dans l'enrichissement personnel.

En tant qu'acteur, le Tour de France apporte la notoriété. Il suffit d'être échappé, de franchir un col en tête, de gagner une étape et, bien sûr, de porter le maillot jaune pour que, du jour au lendemain, on devienne célèbre et reconnu du public.

Le Tour est une école de courage qui interdit l'abandon. Tout coureur qui quitte le Tour – je n'ai pas dit qui abandonne – est contraint d'agir ainsi pour des raisons impérieuses : maladie, accident. À deux reprises, j'ai dû, moi aussi, quitter le Tour en raison de deux mauvaises chutes. À chaque fois, comme pour tout coureur placé dans cette situation, ce fut avec une immense peine et dans une grande douleur.

Le Tour de France exerce sur le public une magie qui engendre la fraternité, le respect entre les supporters. Sur la route du Tour, c'est tous les jours la fête, tous les jours le 14 Juillet. J'ai pu mesurer moi-même, et surtout dans les étapes de montagne, le formidable engouement du public. Ce public est admirable. Pour voir de plus près et plus longuement les coureurs, il n'hésite pas, dans une ambiance très familiale, à parcourir des kilomètres et des kilomètres à pied, voire à passer la nuit à la belle étoile, pour se placer toujours aux meilleurs endroits, là où la course bascule en faveur de tel ou tel coureur. Et tous les ans, la scène se répète, démontrant ainsi que le Tour est la seule activité sportive suscitant une telle participation active de la part d'un public qui est, de course en course, plus nombreux. Chapeau à vous tous, spectateurs !

On l'a dit, c'est vrai, cette épreuve sportive est aussi une grande leçon de vie. Le Tour de France forme l'individu à la rude tâche qui l'attend pour aborder la deuxième phase de son existence, celle qui commence après la carrière sportive. Le Tour apprend à se surpasser physiquement, à dompter sa douleur, à être maître de soi-même en toutes circonstances. Pour cela, il apprend le désir de bien faire, il enseigne la rigueur du travail d'équipe, il inculque la discipline et le respect d'autrui. Le Tour de France est donc une école de la formation.

Le Tour de France, c'est également une énorme complicité avec les journalistes qui nous suivent, nous observent, nous conseillent, nous encouragent, nous les cyclistes ! Le Tour est né avec la presse, et vit aussi avec la presse, grâce à la presse. Chacun a en mémoire les articles, les voix chaudes qui nous ont fait trembler à l'écoute de chaque épisode du Tour. Aussi qui mieux que toi, Jean-Paul, l'Orson Welles des journalistes, est plus compétent pour faire revivre, pour notre plaisir, ces belles épopées des légendaires Tours de France ?

Raymond Poulidor

1903

LA NAISSANCE DU TOUR DE FRANCE

Desgrange, Giffard et les autres...

Dans les premières années du XXe siècle, le cyclisme est le sport qui, avec l'automobile, intéresse le plus les Français. La compétition cycliste n'en est qu'à ses débuts, mais déjà elle connaît un engouement révélateur. Relatés par la presse sportive, les exploits des coureurs surprennent et remplissent grands et petits d'admiration, de respect même. Dans les villes, on a déjà fait quelques kilomètres en automobile sur les chemins de campagne de l'époque. On se rend mieux compte de ce que représente une voiture de course lancée sur ces routes de charroi, ou encore mieux, ces cyclistes sautant d'une ornière à l'autre, d'un cloaque à l'autre, pour rejoindre au plus vite, ou tout du moins avant les autres, la ligne d'arrivée. Dans les villages, on n'emprunte ces sentes que pour aller travailler aux champs, traire les vaches et les faire vêler, faner, moissonner ou semer. On sait trop ce que valent ces tortilles toujours couvertes d'une boue noirâtre ou d'une poussière ocre résultant à la fois des excréments des animaux, des fanes de légumes et des restes en décomposition dont la nature ne veut plus.

La presse sportive, elle, se porte bien. On ne compte pas moins de treize titres. Dans les colonnes du *Journal des Sports*, Géo Lefèvre déclare : « La fin du XIXe siècle aura été, pour nous Français, une époque exceptionnelle. Notre jeunesse qui commençait à s'avilir, à s'abêtir, s'est tout à coup transformée. Nous avons assisté à la rénovation des exercices physiques, non pas en une lente évolution, mais par un véritable coup de théâtre, changement à vue si prodigieux qu'on le dirait œuvre de fée. La fée qui a donné le coup de baguette magique tout puissant, c'est la bicyclette. »

Grande figure de la presse sportive, Pierre Giffard est un éditorialiste redouté. Pourtant, lorsqu'il naît en 1853, le cyclisme n'existe pas encore. On parle seulement de la « vélocipédie » et de ses amateurs, qui « vélocent ». À Fontaine-le-Dun, près de Dieppe, son village natal, on ignore sans doute tout de cet étrange moyen de locomotion qui oblige, pour se mouvoir, à propulser les jambes d'avant en arrière. Fils du maire – un notaire renommé –, Giffard connaît une jeunesse heureuse. Volontiers rimeur à ses heures, c'est à peine s'il s'intéresse à la transformation du vélocipède en bicyclette grâce à l'invention de la pédale, de la roue libre et de la chaîne. Il ne prête qu'une attention distraite à l'organisation de la première course sur route, Paris-Rouen, le 7 novembre 1869.

À dix-sept ans, il s'engage dans l'armée – c'est la guerre de 1870. C'est là qu'il entend des officiers vanter les mérites de la bicyclette. On affirme d'ailleurs que « dans la prochaine guerre, la bicyclette jouera un rôle très important ». Démobilisé en 1871, Giffard passe son bac et commence des études de droit qu'il abandonne aussitôt pour filer sur Paris, où il espère devenir journaliste. Durant six ans, il voyage, apprend, se forme et, en 1879, entre au *Figaro*. Il a alors vingt-six ans. Bientôt, il dirige *Le Petit Journal* et se fait remarquer par la violence de ses éditoriaux, qu'il signe « Jean sans Terre », en référence à ce frère de Richard Cœur-de-Lion, qui, bien que privé de terres, se bat toujours. Il continue à beaucoup voyager et découvre vraiment la vélocipédie, dont il affirme qu'elle n'est pas seulement un sport, mais encore un bienfait social.

Cherchant à convaincre l'opinion publique, Giffard crée, avec son journal, la course Paris-Brest-Paris en septembre 1891. Il donne le ton dans l'éditorial qu'il publie le jour du départ de l'épreuve : « Vélocipédie militaire et civile, vélocipédie pour voyage d'agrément et d'instruction, vélocipédie ouvrière ou bureaucratique, tout cela est contenu dans une manifestation comme Paris-Brest et retour. En fera son profit qui voudra ! Mais l'idée de la vélocipédie pratique et commode aura ainsi pénétré partout jusque dans les plus humbles bourgades. J'aurai ainsi, une fois de plus, accompli ma mission d'enfonceur d'idées pratiques. Personne ne m'en saura gré d'ailleurs, et même personne ne s'en souviendra, mais cela me sera parfaitement égal. Le semeur ne demande pas de reconnaissance aux épis ! » Avec deux cent six coureurs au départ et quatre-vingt-dix-huit à l'arrivée, sa course est un succès aussi populaire que sportif. Bientôt, il se lancera dans l'organisation du Paris-Bordeaux.

La même année, le journaliste publie un livre, *La Reine Bicyclette,* dans lequel il encense les amis de la vélocipédie – les militaires, les médecins et les ecclésiastiques – et vilipende ses ennemis – les charretiers, les chiens et les politiques –, n'épargnant dans ses attaques qu'un seul député, celui qui ose venir siéger à l'Assemblée à bicyclette.

Sûr de lui et de sa croisade en faveur du cyclisme, mais également motivé par son sens journalistique, Pierre Giffard fonde un quotidien consacré à la petite reine, *Le Vélo,* dont le premier numéro paraît le 3 décembre 1893. Tiré à 65 000 exemplaires, il est aussitôt surnommé « le petit vert », en raison de la couleur de son papier. *Le Vélo* sera d'ailleurs, en 1896, le seul journal français présent aux Jeux Olympiques d'Athènes, où il aura pour envoyé spécial Frantz Reichel, athlète du 110 mètres haies. Cette année-là, Giffard crée la course Bordeaux-Paris.

Et il écrit. Il écrit beaucoup, avec une plume de plus en plus incisive. Il écrit dans *Le Petit Journal,* dans *Le Vélo* et dans *Le Vélo illustré,* qu'il a créé dans la foulée. Avec force, il expose ses convictions. Convictions sportives. Convictions politiques – il est dreyfusard. Son lectorat, friand d'articles sportifs, apprécie peu ce mélange des genres. Ses commanditaires ne vont pas tarder à le lâcher.

C'est alors qu'apparaît Henri Desgrange. Desgrange est le tout nouveau secrétaire général de l'Omnium, un club aristocratique qui se réunit une fois par mois sous la présidence du roi du Portugal dans un hôtel particulier de la rue Spontini, dans le très huppé seizième arrondissement de Paris. Desgrange est aussi directeur de vélodrome. On a d'ailleurs refait la piste de celui de Buffalo pour qu'il puisse y battre le premier record de l'heure de l'histoire, le 11 mai 1893. Desgrange n'envisage le cyclisme que sur piste. Giffard, lui, voue à la route une passion démesurée. En 1894, dans *La Bicyclette,* Desgrange écrit : « Je suis bien tranquille, le temps viendra où toutes ces courses stupides seront supprimées [en particulier le Bordeaux-Paris, créé par Giffard], où l'on ne fournira plus aux hommes des occasions bêtes de souffrir et d'abîmer leur énergie... La course sur route est destinée à disparaître un jour ou l'autre pour faire place à la course sur piste, bien assez dure par elle-même, mais comportant au moins une excitation de tous les instants et la douceur consolante de la proximité de chez soi. » Pierre Giffard le sait maintenant. En cette fin de siècle où les idées bouillonnent, où Pierre de Coubertin entreprend la rénovation des Jeux Olympiques et où le sport en France s'organise difficilement, son grand rival c'est Henri Desgrange. Un incident va les départager...

Un jour de 1899, deux mécènes du *Vélo*, le baron de Dion, constructeur d'automobiles, et le manufacturier Edmond Michelin, lancent des tomates sur le président de la République, Émile Loubet, à la sortie d'une course hippique à Auteuil – façon élégante de manifester leur désaccord politique !

Le haut-de-forme présidentiel, atteint par un projectile, roule dans la boue. Dion et Michelin passent quinze jours en prison. À leur sortie, ils découvrent que Giffard, dans ses éditoriaux, ne les a pas ménagés. Leur décision est vite prise. Ils suppriment les subventions, et attaquent Giffard sur son propre terrain en lançant un nouveau quotidien de sport. L'industriel Alphonse Clément, fabricant de pneumatiques pour cycles, furieux des tarifs publicitaires pratiqués par Giffard, se joint à eux. Henri Desgrange est nommé directeur-rédacteur en chef. L'hostilité des deux hommes s'est encore exacerbée depuis que Giffard a refusé à Desgrange des espaces publicitaires pour ses organisations dans *Le Vélo.* Victor Goddet, père de Jacques Goddet, est nommé administrateur.

La guerre ouverte s'engage. Desgrange commence par évincer Giffard de l'organisation de la course qu'il avait créée, Paris-Brest-Paris. Giffard traîne en justice Desgrange pour avoir repris dans son titre le mot « vélo ». Le 15 janvier 1903, la justice va donner raison à Giffard et *L'Auto-Vélo* deviendra *L'Auto.* Desgrange se porte même candidat à une élection législative contre Giffard. Aucun n'est élu, mais Desgrange n'en a cure. L'essentiel est d'attaquer Giffard sur tous les terrains.

C'est l'affaire Dreyfus qui porte le coup de grâce au *Vélo.* On a vu que Giffard, dans ses éditoriaux du *Petit Journal* aussi bien que du *Vélo*, ne dissimulait pas ses idées dreyfusardes, au grand scandale de bon nombre de ses lecteurs. Pour prendre le contre-pied de son rival, Desgrange prend soin de préciser dans le premier numéro de *L'Auto-Vélo* : « Il ne sera jamais question, ici, de politique. Soyez donc, ô lecteurs, ou pour ou contre ce que vous savez, mais ne comptez jamais sur *L'Auto-Vélo* pour vous en parler. » Cette prise de position de Giffard achève de dégrader une situation déjà préoccupante. Les uns après les autres, les industriels du cycle, hostiles à Dreyfus, quittent Giffard. Ses collaborateurs les plus éminents les imitent. Desgrange en profite pour acquérir l'organisation de Bordeaux-Paris. Pierre Giffard s'agite. Il combat encore

Desgrange dans ses journaux, mais continue à perdre des lecteurs. Le 31 juillet 1906, *Le Vélo* publie son dernier numéro.

Pourtant, à la fin de l'année 1902, la situation financière de *L'Auto-Vélo* n'est guère florissante. La publication du nouveau quotidien *Sports* a fait baisser ses ventes. Les commanditaires somment Desgrange de trouver une idée pour redresser la barre, et lui-même cherche une idée de génie pour supplanter définitivement *Le Vélo.* Le 20 novembre 1902, il s'ouvre de ce problème à son plus proche collaborateur, Géo Lefèvre. Le jeune homme propose de créer une course cycliste encore plus éprouvante et plus marquante que toutes celles qui existent. Son itinéraire irait de ville en ville à travers le pays et porterait en toute simplicité le nom de Tour de France. Desgrange esquisse une moue dubitative, mais il veut en savoir plus. Il entraîne sur-le-champ Lefèvre à la brasserie Zimmer, à quelques pas de la rue du Faubourg-Montmartre, où se trouve le siège du journal. Lefèvre expose son idée en détail. Desgrange prend note sur note. L'après-midi même, Desgrange est dans le bureau de Victor Goddet, son administrateur. Il s'agit d'évaluer financièrement le projet.

Deux mois plus tard, le 19 janvier 1903, *L'Auto* publie à la une un communiqué laconique : « Le Tour de France. La plus grande épreuve cycliste. Toulouse. Bordeaux. Nantes. Paris. 20 000 francs de prix. Départ le 1er juin. Arrivée le 5 juillet à Paris. »

Peu à peu, Desgrange publie de nouvelles informations concernant le règlement, le mode de participation, la liste des prix, etc. Mais il semble toujours livrer ses informations avec parcimonie, comme à regret. On sent qu'à *L'Auto*, la mise au point de cette épreuve hors norme est difficile. Il est vrai que, le premier moment d'enthousiasme passé, Desgrange hésite. Ses collaborateurs font une première reconnaissance du parcours à bicyclette. Leurs rapports ne font état, le plus souvent, que de routes défoncées, de succession de nids-de-poule, d'ornières, de boue. Dans les villages, les animaux errent en liberté.

La nuit – puisque certaines étapes doivent commencer dans l'obscurité –, c'est effrayant : pas de lumière, même dans les villes, beaucoup de chiens errants, prompts à mordre le premier mollet venu. Comment assurer la sécurité de tout ce monde ? N'est-ce pas une folie ? De plus, les inscriptions sont rares. Les coureurs ne se précipitent pas sur les listes d'engagement. Le 6 mai 1903 – le départ du Tour est prévu pour le 1er juin –, Henri Desgrange écrit : « Nous avons envisagé très sérieusement, ces derniers jours, la suppression du Tour de France devant le peu d'empressement des coureurs à s'inscrire à l'épreuve. »

Quelques jours plus tard, il modifie les dates, le parcours et la liste des prix. Il est ainsi décidé que :

- Le Tour de France ne durera que dix-neuf jours, au lieu d'un mois. Il aura lieu du 1er au 19 juillet.
- Il comportera six étapes au lieu de cinq : Paris-Lyon (467 km), Lyon-Marseille (374 km), Marseille-Toulouse (423 km), Toulouse-Bordeaux (268 km), Bordeaux-Nantes (425 km), Nantes-Paris (425 km), soit 2 428 km au total.
- Le nombre de jours de repos sera de un à trois après chaque étape.
- Le droit d'engagement sera de dix francs.
- Les coureurs abandonnant en cours de route pourront participer à l'étape suivante, mais hors du classement général.

Peu à peu, les coureurs s'inscrivent et, parmi eux, toutes les vedettes de l'époque. Parfois, les candidatures sont plus inattendues. L'historien Marcel Diamant-Berger rapporte le dialogue suivant :

« Géo Lefèvre reçoit un après-midi de mai, dans son bureau de la rue du Faubourg-Montmartre, un gaillard barbu qui a la particularité de rouler les R.

– Bonjour. Je m'appelle Jean Dargassies. Je viens de Grisolles, à côté de Montauban. Je suis venu chercher des renseignements sur le Tour de France.

– Ne lis-tu pas *L'Auto ?*

– À Grisolles, on ne lit pas *L'Auto.* Elle n'arrive pas jusque-là.

– Comment sais-tu que nous organisons le Tour de France ?

– Celui qui m'a vendu ma bicyclette me l'a dit. Il a même ajouté que je devais m'inscrire. Alors je suis venu.

– As-tu déjà à fait de la compétition ?

– À Grisolles, on ne sait pas ce qu'est la compétition. Il n'y en a pas. Mais j'ai déjà fait plusieurs fois Grisolles-Montauban et retour. Même que je n'ai jamais souffert. Mais ne vous inquiétez pas. Je suis forgeron. Je suis solide. »

Jean Dargassies est inscrit. Il porte le dossard 21. Il sera 23e à Lyon, 18e à Marseille, 13e à Toulouse, 10e à Bordeaux, 9e à Nantes et 12e à Paris. Au classement général final, il sera 11e, à 13 heures 49 minutes et 40 secondes de Maurice Garin, le vainqueur. Dargassies touchera 95 francs de frais de séjour et 50 francs de prime – Garin, lui, en recevra 6 000 en tout !

Le 1er juillet 1903, c'est le grand départ. Il est prévu à 15 h 15 à Montgeron, dans la banlieue parisienne, devant le café *Le Réveil-Matin.* À l'intérieur et tout autour, l'effervescence est inhabituelle. On se bouscule pour voir les futurs héros. Deux gendarmes à cheval tentent tant bien que mal de rétablir un semblant d'ordre. On lit *L'Auto*, et tout particulièrement l'éditorial, qu'Henri Desgrange a intitulé « La Semence » : « Du geste large et puissant, écrit Desgrange, que Zola, dans *La Terre,* donne à son laboureur, *L'Auto,* journal d'idées et d'action, va lancer à travers la France, dès aujourd'hui, les inconscients et rudes semeurs d'énergie que sont les grands routiers professionnels. »

Sur les soixante-dix-huit coureurs inscrits, soixante honorent leur engagement. Les vedettes sont Maurice Garin, Hippolyte Aucouturier, Léon Georget, Lucien Pothier, Josef Fisher. D'autres sont tout à fait inconnus : Dargassies, bien sûr, dont Géo Lefèvre ne cesse de chanter les louanges durant le

Tour ; Léon Pernette, qui vient tout juste de fêter son dix-huitième anniversaire et qui s'arrêtera après deux étapes ; Victor Lefèvre, un militaire qui a obtenu une permission spéciale mais qui n'atteindra pas Lyon ; Lucien Barroy, un clown acrobate qui n'abandonnera qu'au cours de la troisième étape, etc.

À 15 heures, Georges Albran, le starter, rassemble tout son petit monde. Le départ ne sera pas donné face au *Réveil-Matin,* mais six cents mètres plus loin, en raison de travaux. À 15 h 13, derrière la voiture d'Albran, le peloton se met en route pour le premier défilé de l'histoire du Tour. À 15 h 16, Albran abaisse son drapeau. Le départ du premier Tour de France est donné ! Le geste d'Albran est historique !

La voiture de *L'Auto* suit le peloton, mais Géo Lefèvre, à la fois chronométreur, juge à l'arrivée et envoyé spécial du journal organisateur, est au milieu du peloton et à bicyclette. Il effectue un premier contrôle à Fontainebleau avant de prendre le train pour Paris pour donner son papier à *L'Auto* et de repartir, toujours en train, pour Moulins où il procède à un nouveau contrôle nocturne. Mais ses prévisions sont démenties par les coureurs qui traversent la préfecture de l'Allier beaucoup plus tôt qu'il ne l'avait pensé. Il doit attendre longtemps le premier train pour Lyon et manque l'arrivée de la première étape. Le correspondant de *L'Auto* à Lyon, prévenu à la hâte, le remplace *in extremis*. Quai de Vaise, sur une route pavée, Maurice Garin franchit la ligne d'arrivée en vainqueur à midi et demi, après plus de 18 heures de course. Il devance Émile Pagie, qui abandonnera dans l'étape suivante. Il n'y a que trente-sept arrivants, vingt-trois coureurs n'étant pas parvenus à rejoindre Lyon, dont Hippolyte Aucouturier. Le dernier est Eugène Brange. Il termine à la trente-septième place, à 9 heures de Maurice Garin.

À Lyon, la foule qui accueille le Tour n'est pas dense. Henri Desgrange ayant décidé de diriger le Tour depuis son bureau parisien, ce sont Lefèvre et Albran qui, à Lyon, avancent les horaires de départ de chaque étape, afin que les premières arrivées soient jugées aux environs de la fin de l'après-midi pour attirer plus de public. En conséquence, les nouveaux horaires de départ des étapes seront :

- Lyon : 2 h 30 du matin
- Marseille : 10 h 30 du soir
- Toulouse : 5 heures du matin
- Bordeaux : 11 heures du soir
- Nantes : 9 heures du soir.

Les coureurs se reposent deux jours et demi à Lyon avant de poursuivre vers Marseille. Hippolyte Aucouturier gagne l'étape, mais il est absent du classement général pour n'avoir pas atteint Lyon. De Paris, Henri Desgrange, craignant des arrangements entre coureurs exclus du classement général, modifie le règlement : désormais, les cyclistes portés au classement général partent les premiers, les autres une heure plus tard. Et, pour affirmer son pouvoir, Desgrange prend le train pour Toulouse.

À Toulouse, la foule est nombreuse, comme elle l'avait déjà été à Marseille. Aucouturier gagne encore l'étape sans remettre en cause l'avance de Garin au classement. Trois jours plus tard, au départ de Toulouse, c'est le cinéma qui s'invite sur le Tour. On projette sur un drap blanc des images des étapes précédentes. La foule est à la fois médusée et ravie. Bien sûr, elle veut voir « son » héros, Jean Dargassies, que *L'Auto* surnomme « le forgeron de Grisolles » au grand plaisir de ses concitoyens. Henri Desgrange, pour sa part, entrevoit qu'il lui faudra peut-être, à l'avenir, garantir les coureurs contre l'enthousiasme des spectateurs, qu'il prévoit débordant.

De Bordeaux, la course rejoint Nantes. C'est le 14 juillet. Le maire de La Rochelle a publié un arrêté pour interdire la circulation des bicyclettes dans sa ville, afin que la population célèbre tranquillement la fête nationale. Le maire est hué. À la hâte et sous la pression populaire, il décrète le libre passage de la course – il ne sera pas réélu aux élections suivantes. À Nantes, la foule est considérable. Les forces de l'ordre sont débordées, une fois de plus. Au sprint, Maurice Garin l'emporte devant Pasquier et Pothier.

Le samedi 18 juillet, à 20 heures, les vingt et un rescapés du Tour prennent la route de Paris. Les entraîneurs ne sont pas là, contrairement à ce qui était prévu. Henri Desgrange leur a demandé de se retirer à la dernière minute. Les coureurs sont fatigués. Ils doivent atteindre Ville-d'Avray, dans la proche banlieue parisienne, où le classement définitif sera établi, et se rendre ensuite au Parc des Princes pour les tours d'honneur. Aux environs de Ville-d'Avray, la foule est si dense que les trois premiers ont bien du mal à se frayer un chemin jusqu'à la ligne d'arrivée, La gendarmerie à cheval est bousculée. La police à pied ne sait plus comment contenir la foule. Maurice Garin gagne l'étape et, bien entendu, le Tour de France. On lui fait revêtir un maillot blanc avec une écharpe tricolore. On prend une photo, deux photos, trois photos. Une bise rapide à sa femme. Une autre à son fils. Et le voici déjà sur la route de Paris. Une foule de cyclistes l'escorte. Le Parc des Princes approche. Des roulements de tambour, puis des sonneries de clairon annoncent son entrée sur le vélodrome, plein à craquer. Maurice Garin commence son tour d'honneur. La foule descend des gradins, envahit la piste. Depuis longtemps, les forces de l'ordre ont abdiqué devant la ferveur populaire. Dans son bureau, Henri Desgrange sourit. Le Tour a été un grand succès populaire, sauf à Lyon[1]. Durant le Tour, *L'Auto* a tiré chaque jour à 60 000 exemplaires.

Pierre Giffard est désemparé par le succès de son rival. Pour oublier quelque peu son propre échec, il part couvrir le conflit russo-japonais. Il en reviendra affaibli, malade, usé, vieilli. Il se réconciliera avec Desgrange, qui lui offrira même un poste de commissaire dans ses organisations. Pour le remercier, Giffard publiera, en 1912, un livre intitulé *Compagnon du Tour de France.* Henri Desgrange lui rendra hommage plus

1. Le classement du premier Tour de France se trouve en annexe.

tard pour avoir créé Paris-Brest-Paris et, dans la préface de son ouvrage *Le Cyclisme,* il écrira : « Dans une histoire du cyclisme, Pierre Giffard compte à l'égal de Charles Terront [le vainqueur du premier Paris-Brest et retour] : l'un fut la tête, et l'autre les jambes. Giffard fut le Pierre l'Ermite qui prêcha la croisade. » On ne saura jamais ce qu'il serait advenu de *L'Auto* si Pierre Giffard n'avait mêlé dans ses écrits sport et politique.

1908

LUCIEN PETIT-BRETON
Le premier double champion

Clément Mazan est horloger à Plessé, bourgade de l'actuel département de la Loire-Atlantique. Aux élections législatives de 1882, il se présente sous les couleurs du Parti républicain. Il est battu. Il se représente en 1888. Nouvel échec ! Dans la région, l'esprit chouan qui, cent ans plus tôt, a combattu la Révolution, est encore vivace. Dépité, vilipendé par ses concitoyens, Mazan préfère partir avec sa femme et ses cinq enfants.

La famille s'établit à Buenos Aires. C'est là que le petit Lucien passe ses années d'enfance. Clément Mazan est un bon horloger, mais les temps sont durs. Il demande à ceux de ses enfants qui sont déjà adolescents de l'aider à entretenir la famille par des petits boulots. C'est ainsi qu'à l'âge de quatorze ans, Lucien Mazan entre comme groom au Jockey Club de Buenos Aires où, pour la première fois, il entend parler de cyclisme. À cette époque, toute l'Amérique s'extasie sur les courses de six jours et sur les Bols d'or. Deux ans plus tard, Lucien participe à sa première course. Clément ne voulant pas que son fils devienne coureur cycliste, le jeune homme se fait appeler Breton.

En 1902, il revient en France avec ses frères Paul et Anselme. Eux aussi sont devenus coureurs cyclistes ! Pour se distinguer d'un autre sportif nommé Breton, il change son pseudonyme en Petit-Breton. Sur la piste, on admire son agilité et son endurance. Dans le sillage d'un tricycle à pétrole, il lui arrive parfois d'aller plus vite que la machine et même de lui faire rendre l'âme. Il est bientôt engagé par Peugeot, ainsi que ses frères, qui lui servent d'entraîneurs, du moins dans les courses où ceux-ci sont autorisés.

En 1905, Peugeot demande à Petit-Breton de participer au Tour de France. Lors de la première étape, Paris-Nancy, des voyous jettent des clous sur la route. Les crevaisons se multiplient. Très vite, Petit-Breton n'a plus de boyaux de rechange et, fatigué de devoir toujours réparer les mêmes, il prend le train à Château-Thierry et rentre à Paris. Le lendemain, sous les yeux ahuris de Robert Coquelle, le directeur du vélodrome de Buffalo, il reprend l'entraînement. Coquelle exhorte Petit-Breton à rejoindre Nancy dans les délais les plus brefs : en effet, Henri Desgrange accepte au départ de la deuxième étape les quarante-quatre coureurs qui ont abandonné le premier jour. Petit-Breton reprend donc la course avec un handicap de 75 points, le classement général étant établi selon un système de points. Au cours de ce Tour, Petit-Breton ne gagne pas d'étape, mais il se classe deuxième à Grenoble, à Toulouse et à Paris. Il est cinquième au classement final, ce qui est une performance ! Un mois plus tard, le 24 août, au vélodrome de Buffalo, il bat le record de l'heure avec 41,110 km, améliorant de 329 m le précédent record, établi par l'Américain Willie Hamilton.

L'année suivante, Petit-Breton prend à nouveau le départ du Tour. Il est quatrième du classement final, mais premier des coureurs « poinçonnés ». Les vélos poinçonnés doivent effectuer la totalité du parcours sans changer de pièces maîtresses, contrairement aux vélos d'équipes, qui peuvent être remplacés à la fin de chaque étape. Il importe donc de ménager sa monture. Chaque soir, Petit-Breton monte son vélo dans sa chambre, dispose des journaux sur le lit, démonte sa machine pièce par pièce et nettoie chaque élément important au pétrole avant de remonter le tout.

En 1907, enfin, il remporte le Tour de France. Fait notable, il gagne l'étape de Nantes, dans son pays natal. La même année, il est le premier vainqueur du Milan-San Remo. À cette occasion, il rejoint le club très fermé des « automobilistes » en passant son permis de conduire et en achetant une Léon-Peugeot ! Mais c'est en 1908 qu'il domine réellement le Tour : il gagne cinq étapes et se classe trois fois au deuxième rang et quatre fois au troisième. Il prend la tête du classement général dès la troisième étape et y reste jusqu'à Paris. Au fil du temps ses principaux rivaux, Georget, Dortignacq et Garrigou, abandonnent. Dans les Alpes, Petit-Breton contient les assauts de François Faber et conserve sa première place. Il est le premier coureur qui remporte le Tour à deux reprises et, qui plus est, deux années de suite. Mais cette victoire a épuisé notre héros. Il annonce qu'il va quitter la compétition et se consacrer au garage qu'il vient d'acquérir à Périgueux. Le 24 novembre 1908, il épouse sa fiancée, Madeleine, et rentre dans le rang.

Pourtant, la passion du cyclisme est trop forte et, dès l'année suivante, il se remet en piste au vélodrome de Buffalo. Il continue à s'entraîner, participe à quelques épreuves mais, fidèle à sa promesse, ne participe plus au Tour de France.

Deux fois, il est au départ du Tour d'Italie qui vient de naître. En 1910, ayant rejoint la formation italienne Legnano, il casse sa fourche au cours de l'étape Terrano-Naples, alors qu'il occupe la deuxième place du classement général. Il continue à pied puis s'assied dans un champ, face à la mer, et annonce son abandon ainsi que celui de son équipe. Il est vrai que l'étape s'est transformée en pagaille monstre. Des éboulements de terrain ont contraint les organisateurs à changer le parcours à plusieurs reprises. Des coureurs se sont perdus, d'autres ont terminé l'étape en charrette ; certains, plus chanceux, ont rencontré des automobilistes compatissants.

À six étapes de l'arrivée, il ne reste plus que quinze concurrents en lice.

L'année suivante, Petit-Breton est incorporé à la formation italienne de la firme Fiat, qui vient de lancer « la bicyclette bon marché ». Le Français utilise une machine qu'il a conçue lui-même. Grâce à un ingénieux système, précurseur du dérailleur, il peut changer de développement sans descendre de sa machine. Cela lui permet de gagner du temps et surtout d'améliorer son démarrage quand la course prend de la hauteur. Petit-Breton est premier à l'arrivée à Turin devant les usines Fiat et prend la tête du classement général à Sulmona, à trois jours de la fin de la course. Malheureusement, le lendemain, alors qu'il n'est plus que deuxième, son système casse. Petit-Breton doit abandonner.

Lucien Petit-Breton quitte le peloton cycliste, définitivement cette fois. Il se consacre à son foyer, à la grande joie de sa femme et de ses deux enfants, et à son garage, auquel ses nombreuses astuces de bricoleur assurent une bonne réputation.

Mobilisé en 1914, il est affecté à la conduite des véhicules. Il a trente-trois ans. Dans la nuit du 19 novembre 1917, sur le front des Ardennes, il doit porter un pli urgent. Sur la route, devant lui, une voiture hippomobile zigzague. Petit-Breton entreprend avec précaution de doubler cet étrange attelage. Il est sur le point d'y parvenir lorsque le cheval prend peur et se cabre, renversant la voiture du champion dans le fossé. Lucien Petit-Breton meurt en arrivant à l'hôpital de campagne de Troyes. On apprendra plus tard que le charretier était ivre.

Quant aux deux frères de Lucien Petit-Breton, ils ont effectué une carrière honorable sous le nom de Mazan. Paul a été champion de France dans la catégorie amateurs et vainqueur du Tour de Tarragone, en Espagne, en 1908. Anselme, qui avait pris le départ du Tour de France 1907, abandonne au cours de la septième étape. Son fils, Yves, a été directeur technique de l'équipe de l'Ouest du Tour 1948.

1910

ALPHONSE STEINES
L'homme qui imposa la montagne

Dès 1903, Henri Desgrange confie à Alphonse Steines, l'un de ses collaborateurs au journal *L'Auto,* la rude tâche de préparer le Tour. Une fois les villes-étapes retenues – les plus grandes, de préférence, dans lesquelles il espère augmenter sensiblement les ventes de son journal à l'occasion du Tour –, Steines détermine les emplacements de départ et d'arrivée, va reconnaître lui-même le parcours à vélo, et retient les hôtels. Il entreprend aussi, avec le correspondant local de *L'Auto,* les démarches nécessaires pour l'établissement des contrôles sur le parcours.

À la fin du Tour de 1903, les sentiments d'Henri Desgrange sont mitigés. Il est certes satisfait du déroulement de l'épreuve ; mais il maugrée en privé contre l'apathie des coureurs. La course, en effet, n'a pas donné lieu à des offensives, à des compétitions au coude à coude entre cyclistes. Le vainqueur, Maurice Garin, s'est imposé avec trois heures d'avance sur Lucien Pothier, classé deuxième, et quatre heures trente sur le troisième, Fernand Augereau.

Convaincu qu'il faut augmenter les difficultés du parcours pour susciter la compétitivité des coureurs, Alphonse Steines convainc alors Desgrange que le Tour gagnera en popularité s'il frôle les frontières, longe les côtes et franchit les sommets.

C'est ainsi qu'en 1905, le parcours qu'il dessine passe par le ballon d'Alsace, dans les Vosges, par la côte de Laffrey et par le col Bayard, dans les Alpes. En 1906, le Tour franchit pour la première fois une frontière à Metz, alors en territoire allemand ; c'est ensuite Vintimille, sur la route de Nice, et enfin Irun, peu avant l'arrivée à Bayonne.

Entre-temps Steines, à l'invitation du constructeur automobile suisse Martini, teste un modèle muni de freins hydrauliques, grande nouveauté pour l'époque. Quarante-huit cols – en Suisse, en Italie et en France – sont ainsi franchis, certains dans des conditions effroyables car les routes ne sont guère que des chemins de terre pour les bergers ; seule la voiture hippomobile de la poste les emprunte parfois aux beaux jours. « Si les voitures passent, pourquoi pas les coureurs ? », songe Steines, qui semble oublier que, dans la montée du Ballon d'Alsace en 1906, René Pottier n'a eu aucun mal à distancer la voiture de l'organisation chargée de le suivre.

Au début de 1910, Steines présente à Desgrange le tracé du Tour. Quinze étapes, au lieu de quatorze l'année précédente, sur une distance équivalente, se disputeront un jour sur deux, une journée de récupération étant prévue entre chaque. Desgrange regarde la carte et blêmit. Toulouse, ville-étape depuis 1903, Toulouse dont les exploits du coureur local Jean Dargassies ont fait monter en flèche les ventes de *L'Auto*, Toulouse est tout bonnement rayée du Tour. À la place, les étapes Perpignan-Luchon et Luchon-Bayonne passent par les cols de Peyresourde, d'Aspin, du Tourmalet et de l'Aubisque. Desgrange est fou furieux. Ces quatre cols font partie d'une région que les rares habitants surnomment le « Cercle de la Mort ». Lors des longues soirées d'hiver, dans les petites maisons recouvertes de lauses, on raconte des histoires autour du feu. Des contes de lutins et de fées, mais aussi des récits de bergers qui disparaissent lors de nuits sans lune, dévorés par les ours encore nombreux dans ces montagnes. Et ces histoires de bergers ne sont pas que des légendes ! Quant aux routes pour accéder à ces cols, elles existent à peine. Ce ne sont que des sentes caillouteuses, ravinées par les vents d'hiver et par la neige, et des chemins de bergers. Desgrange explose : « Vous êtes fou, Steines. Je vous chasse ! » Mais il se ravise : « Allez voir sur place, Steines. Allez voir s'il y a des routes. Allez voir. Rendez-vous compte, mais c'est votre dernière chance. »

Quelques jours plus tard, Alphonse Steines est à Luchon. L'administration des routes lui confirme qu'il est impossible d'emprunter le Tourmalet et l'Aubisque, même au mois de juillet. Mais Steines est têtu. Il loue une voiture avec chauffeur et part reconnaître le parcours.

Peyresourde ne pose pas de problème. Aspin non plus, malgré une légère couche de neige au sommet. Au milieu de l'après-midi, au pied du Tourmalet, à Sainte-Marie-de-Campan, dans l'unique auberge du village, face à l'église, Steines et son chauffeur se restaurent d'une soupe aux haricots, de jambon et de fromage. L'aubergiste leur raconte qu'il ne voit guère de monde l'été. Quelquefois une diligence, ou le véhicule des postes, mais le plus souvent, ce sont les bergers et les paysans de la région qui viennent à la messe du dimanche. Steines persiste : il veut reconnaître la totalité de son étape et prend la route du sommet, longue de dix-neuf kilomètres. La voiture hoquette, bringuebale, tangue sur le terrain inégal, mais elle poursuit son ascension. Le jour baisse. Le ciel s'assombrit. La neige est de plus en plus présente et, quatre kilomètres avant le sommet, elle bloque la route, contraignant la voiture à s'arrêter. Steines demande au chauffeur d'aller l'attendre à Barèges, sur l'autre versant du col. Lui se dirige seul vers le sommet. Il s'oriente à l'aide des perches qui jalonnent le sentier pour indiquer la hauteur de la couche de neige. Deux bergers, alertés par le bruit de la voiture, l'accompagnent jusqu'au sommet. Pour les remercier, il donne un louis d'or à chacun, et leur en propose un autre pour le conduire dans la vallée. Ils refusent : c'est l'heure de la traite des bêtes.

Steines est à nouveau seul. Le vent souffle de plus en plus fort, soulève des plaques de neige qui font chanceler notre homme. Il fait nuit. Steines a perdu le chemin de la vallée. Il tombe, se redresse, tombe encore. Il prend peur, s'arrête pour prier, repart, roule dans un ruisseau, en ressort couvert de glaçons. Il s'ébroue et se remet en chemin, transi. La boue lui colle au visage et aux vêtements. Après un temps qui lui semble une éternité, son pied heurte une borne kilométrique. De joie, il l'étreint ! Il est enfin sur le bon chemin. Il est près de quatre heures du matin lorsque, à l'entrée de Barèges, il aperçoit deux silhouettes. Ce sont celles des gendarmes qui étaient partis à sa recherche. Sur la place du village, un attroupement s'est formé. Les Barégeois s'inquiètent : personne encore n'est revenu d'une telle tourmente en pleine nuit, surtout à cette époque de l'année. Le correspondant local de *L'Auto* ramène chez lui Steines, qui se réchauffe, se nourrit et termine la nuit dans un bon lit.

Le lendemain, Steines demande à l'administration des Ponts et Chaussées de dégager pour le mois de juillet les routes du Tourmalet et de l'Aubisque. Un accord est trouvé, pour un montant de cinq mille francs. Desgrange n'en paiera que deux mille. Puis Steines envoie au directeur du Tour un télégramme ainsi rédigé : « Routes praticables, nous aurons une grande et belle course. » De retour à Paris, Steines ne souffle mot de sa mésaventure. Toutefois, Desgrange reste sceptique et le signifie clairement à Steines : « Si, par malheur, il y a un accident, alors je vous chasse pour de bon. » En juin, des coureurs font un tour de reconnaissance. Ils reviennent terrifiés, persuadés que nul ne terminera l'étape. Desgrange enrage contre Steines, mais ce dernier n'en démord pas.

Le 21 juillet 1910, à 3 h 30 du matin, le départ de l'étape Luchon-Bayonne est donné. Desgrange, peu rassuré, reste à Luchon pour quelques jours de congé, et c'est Victor Breyer, son bras droit, qui le remplace. Les coureurs s'enfoncent dans la nuit. Au lever du jour, ils attaquent l'escalade des cols. Personne au bord du chemin. Les coureurs sont livrés à eux-mêmes. Octave Lapize est en tête à Peyresourde, à Aspin et au Tourmalet. Dans l'Aubisque, au bord du malaise, Lapize passe devant Victor Breyer qui s'est arrêté pour remplir son carnet de notes, et lui lance : « Vous êtes des assassins ! Oui, des assassins ! »

Octave Lapize gagne l'étape avec plus de deux heures de retard sur l'horaire initial, en battant au sprint l'Italien Albini. À la tombée de la nuit, lorsque le contrôle ferme à Bayonne, douze coureurs seulement ont franchi la ligne d'arrivée. Desgrange accepte que tous les éliminés – ils sont trente-quatre – prennent le départ de Bayonne-Bordeaux, même ceux qui ont terminé cette épreuve en voiture.

Depuis ce 21 juillet 1910, le Tour emprunte toujours un, deux ou la totalité de ces cols pyrénéens du « Cercle de la Mort ». Quant à Alphonse Steines, il est resté à *L'Auto* jusqu'à sa retraite !

1913

EUGÈNE CHRISTOPHE
Quand l'héroïsme devient vertu

Il n'a qu'une devise : « L'effort n'est beau que si le but à atteindre est difficile. » Tout au long de sa carrière de vingt-deux ans – de 1904 à 1926, dont trois années interrompues par la Première Guerre mondiale, de 1915 à 1918 : c'est un exemple de longévité ! –, passée sur les routes de France et d'Italie, Eugène Christophe a su se montrer digne de cette maxime. Son palmarès n'est pas très étoffé. Sept titres de champion de France de cyclo-cross, Milan-San Remo, deux Bordeaux-Paris, un Paris-Tours, et surtout onze participations au Tour de France dont il a été le premier maillot jaune mais qu'il n'a jamais remporté, devant, en raison de la malchance, se contenter de places d'honneur.

Eugène Christophe est né à Malakoff, en proche banlieue parisienne, le 22 janvier 1885. Jeune homme, il reçoit le surnom de « Cri-Cri » et de « Vieux Gaulois » en raison de l'abondance de sa moustache taillée, comme cela se faisait à l'époque, en guidon de vélo. Mais si Eugène Christophe est passé à la postérité, c'est, parmi les nombreux déboires de sa carrière, pour l'épisode malheureux qu'il va vivre lors du Tour 1913, au cours duquel il devient le symbole du coureur qui érige le courage en vertu. Lorsque le départ de l'étape Bayonne-Luchon par les grands cols pyrénéens est donné, il occupe la deuxième place du classement général, à cinq minutes du Belge Odile Defraye dont la spécialité, cette année-là, est justement la plaine. Eugène Christophe est alors le favori de tous. L'accident se produit en pleine nuit, peu après le sommet du Tourmalet, dans le virage du Broussé : il est renversé par une voiture. La fourche de son vélo est brisée. Christophe doit réparer coûte que coûte ; il n'est pas dans ses habitudes d'abandonner. Le vélo sur l'épaule, il dévale les pentes du Tourmalet à la recherche d'une forge. Il parcourt plus de dix kilomètres, coupe à travers champs, contourne les rochers, marche dans la caillasse pour finalement trouver une forge à Sainte-Marie-de-Campan. Il réveille le forgeron et, seul, ainsi que le veut le règlement, actionne le soufflet pour réanimer les braises. Avisant une pièce de métal, il réduit son épaisseur à 18 millimètres en limant tant et plus, lui l'ancien apprenti serrurier. Il engage la pièce de métal dans le fourreau de direction, perce des trous pour faire passer les goupilles et, à grands coups de marteau, redonne enfin vie à sa fourche. Henri Lecomte, commissaire de course, assiste à la scène pour vérifier que personne ne vient en aide au coureur. Incrédule, il regarde Christophe se battre avec la forge, suant sang et eau. Vers quatre heures du matin, Lecomte affamé suggère d'aller chercher des victuailles dans une ferme voisine. « Pas question », hurle Christophe qui, jusque-là, n'a pas dit un seul mot. Vous devez me surveiller. Restez là. Faites votre boulot jusqu'au bout. Si vous avez faim, il y a là d'excellents boulets de charbon. Servez-vous. Je viens de les faire réchauffer. » À l'aube, Christophe repart, sa fourche remise en état. Il termine l'étape à Luchon, près de quatre heures après l'arrivée du futur vainqueur du Tour, le Belge Philippe Thys. Cette année-là, Christophe termine troisième du Tour.

Six ans plus tard, il participe de nouveau au Tour : il est premier du classement général aux Sables-d'Olonne, terme de la quatrième étape. Six étapes plus tard, à Grenoble, Christophe reçoit son premier maillot jaune du Tour. C'est un solide leader. Il a contenu ses rivaux dans les Pyrénées et dans les Alpes. Il possède près d'une demi-heure d'avance sur le Belge Firmin Lambot. Dans l'avant-dernière étape, Metz-Dunkerque, non loin de Valenciennes, à Raismes, il ne peut éviter une chute, provoquée par la présence de rails de tramway. Son vélo est inutilisable. Il trouve un garage et, une nouvelle fois, entreprend seul de réparer sa machine. Il termine cette étape à l'avant-dernière place, après avoir perdu la bagatelle de deux heures et demie. Firmin Lambot n'a aucun mal à être le vainqueur final de ce Tour, mais Christophe, qui a ému la foule, est devenu le héros de tous.

En 1910 déjà, Eugène Christophe avait connu une première heure de gloire en remportant un Milan-San Remo de légende. Ce jour-là, il fait très froid. Le ciel est bas, sombre. Il pleut en plaine. Une pluie abondante et glaciale. Dans le premier col de la journée, le Turchino, c'est même de la neige qui tombe, par bourrasques. Christophe est seul. Pas une masure, pas une ferme, pas un abri pour le bétail. La solitude est totale, le vent hurle dans les arbres. Christophe est transi de froid. Ses doigts sont gourds, violets. Il tremble de tous ses membres. L'idée de l'abandon l'effleure. Il met pied à terre et trouve encore des forces pour courir le vélo à la main. Il passe le sommet du col et s'engage dans la descente. Il se fraye un chemin au milieu de blocs de neige. Au détour d'un virage, il aperçoit deux hommes, deux spectateurs. Ceux-ci le transportent dans une auberge. Là, ils l'allongent sur la table de bois qui trône au milieu de la pièce, le déshabillent, le frottent avec de l'alcool local, le réchauffent, le restaurent, lui donnent des vêtements secs. Une demi-heure plus tard, Christophe reprend la route. Il ne tarde pas à rejoindre la tête de la course. Au contrôle de ravitaillement de Savone, la neige a disparu, la température est plus clémente. Le coureur porte encore le pantalon long qui lui a été donné dans l'auberge : il le coupe au genou et, malgré la pluie, fonce vers l'arrivée. Il remporte ce Milan-San Remo d'anthologie devant deux coureurs, deux Italiens : Cocchi et Marchese.

Il meurt à l'âge de quatre-vingt-cinq ans, à Paris, entouré de sa femme, rencontrée à Genève en rentrant du Tour de Lombardie, et de ses deux enfants. L'aîné, un garçon, avait d'ailleurs été lauréat du concours du plus beau bébé organisé par *L'Auto*. Une foule nombreuse d'amis, connus et inconnus, assiste à ses obsèques. Personne n'a oublié celui qui fut le héros d'un cyclisme dit « héroïque ».

1920-1930

LES FRÈRES PÉLISSIER

Les divas du Tour

Les Pélissier, trois frères, Henri, Francis et Charles, ont marqué l'histoire du cyclisme hexagonal, notamment celle du Tour de France, durant plus de quinze ans. Ils ont en particulier connu leur heure de gloire avant et après la Première Guerre mondiale. Leur père, Jean, naît à Plominhac, un petit village du département du Cantal. Dès l'âge de treize ans, il est garçon laitier dans une ferme de Levallois, dans la proche banlieue parisienne. Sou après sou, il économise pour devenir propriétaire d'une vacherie. Sept ans plus tard, c'est chose faite : les étables se trouvent près de la place Victor-Hugo, qui n'est à l'époque qu'un faubourg de Paris. Leur mère, Élisa-Augustine, vient des Ardennes. Elle a travaillé dans un atelier de confection. De six heures du matin à sept heures du soir, elle cousait. Lasse de cet emploi éreintant, elle a ouvert, non loin de la place Victor-Hugo, une petite échoppe où elle servait le café aux lève-tôt de la capitale. C'est là qu'elle a rencontré Jean, qui comptait parmi ses clients. De leur union sont nés cinq enfants : Augustine, Henri, Jean, qui mourra à vingt-deux ans au cours de la bataille de la Marne, Francis et Charles.

L'entreprise, baptisée « La Vacherie de l'Espérance », prospère. Jean obtient même une concession sur le terrain de l'hippodrome de Longchamp pour nourrir ses quarante bêtes et alimenter chaque matin en lait ses six cents clients. Jean élève ses enfants à la dure. Dès l'âge de treize ans, les garçons quittent l'école pour l'aider et apprendre le métier. Il veut que l'un d'eux reprenne l'affaire après lui. Aussi, lorsque l'aîné, Henri, semble envisager de devenir coureur cycliste, leur père se révolte, et c'est en cachette qu'avec Francis, il prend une licence dans un club du 16e arrondissement et participe à diverses épreuves. La notoriété des deux frères grandit vite, grâce aux résultats flatteurs qu'ils obtiennent. À tel point qu'ils sont sélectionnés pour disputer le Tour de France 1919 ! Charles, le benjamin, est trop jeune encore pour songer au cyclisme. Jean, désormais certain que ce sera lui qui lui succédera, transforme la vacherie en garage et lui apprend les rudiments de la mécanique.

Henri et Francis se font rapidement remarquer par leur propension à se défendre et par leur sens de la polémique. Habitués par leur père à travailler dur, ils savent que toute peine (surtout celle de coureur cycliste !) mérite un bon salaire. Ils n'ont de cesse de faire valoir leurs droits, à tout propos, auprès des organisateurs et des directeurs d'équipes. Personne n'ose les contrarier, tant leur talent est immense et leurs victoires remarquables. Ce sont des stars ! Seul un homme les affrontera : le tout-puissant directeur du Tour de France, Henri Desgrange.

Au lendemain de la signature du traité de Versailles, le départ du Tour 1919 est donné. Desgrange compte beaucoup sur une victoire d'Henri Pélissier. Interrompu par les années de guerre, le Tour est désorganisé et doit se remettre en place rapidement. Henri et Francis le savent. Aussi ont-ils décidé de n'agir qu'à leur guise, ne serait-ce que pour provoquer Desgrange. Ainsi va naître la plus formidable brouille entre des coureurs et le directeur que le Tour ait jamais connue. Le

29 juin, alors que le départ n'est pas encore donné au Parc des Princes, Francis casse sa fourche. Un mécanicien de Boulogne-Billancourt accouru pour l'occasion la répare, mais le coureur part avec trois heures de retard sur les autres. Il atteint Le Havre, terme de la première étape, juste avant la fermeture du contrôle. Francis fulmine contre cette organisation qui n'autorise pas le changement de machine lorsqu'une pièce majeure est défectueuse. Il proteste encore plus vigoureusement lorsqu'il apprend que le malheureux Jean Rossius, qui lui a fourni un bidon d'eau en cours de route, a écopé de trente minutes de pénalité : un tel geste est formellement interdit par le règlement. « Foutu règlement », grommelle le coureur, soutenu comme toujours par son frère.

Les Pélissier rongent leur frein et, au cours de la deuxième étape, le Havre-Cherbourg, se lancent dans l'une de ces offensives sur lesquelles ils ont fondé leur popularité. Henri gagne l'étape devant Francis et prend la tête du classement général avec une confortable avance sur les autres coureurs. Même scénario au cours de l'étape suivante, Cherbourg-Brest. Henri, une fois encore, l'emporte devant Francis. Les autres sont relégués à des rôles de comparses. Henri Desgrange se frotte les mains. Son journal *L'Auto* se vend très bien. Lorsque le peloton attaque la quatrième étape, Brest-Les Sables-d'Olonne, le temps se gâte. Il pleut. Il fait froid. Les coureurs ont revêtu de misérables imperméables qui ne les protègent qu'à moitié. Il n'y a rien à dire. Il faut subir. Ce sont les imperméables fournis par l'organisation : ce sont ceux qu'il faut mettre en cas de pluie. Lorsque le temps devient plus clément, Henri s'arrête pour placer ce maudit imperméable sous sa selle. Les coureurs belges en profitent pour démarrer et filer vers l'arrivée, qu'ils atteignent dix minutes avant les frères Pélissier. Henri, toujours leader du classement général, tempête, crie au complot. Le soir, à table, il raconte que, dans la traversée de Nantes, pour narguer Desgrange, il s'est arrêté dans un bar et a commandé une bouteille de cognac dont il a bu de longues rasades avant de reprendre la route, tout cela sous l'œil médusé, et bientôt réprobateur, du patron du Tour. Pour terminer son histoire, Henri refuse la bouteille de vin que l'aubergiste lui propose car, dit-il, « c'est de la piquette ! » et réclame un vin plus gouleyant, mais beaucoup plus cher. L'intendant du Tour, qui justement passait par là, refuse net. « Puisqu'il en est ainsi, s'écrie Henri, nous rentrons à Paris. »

Le lendemain, c'est jour de repos. Les deux frères se rendent à la gare, achètent deux billets de train pour Paris et attendent dans leur chambre la suite des événements. Desgrange envoie des émissaires. Ceux-ci ne trouvent que deux corps cachés sous les couvertures qui refusent de parler. Au départ de l'étape Les Sables-d'Olonne-Bayonne, les frères Pélissier sont déjà dans le train. Desgrange, ivre de rage, écrit dans *L'Auto* à propos d'Henri : « Ses muscles sont servis par un pauvre petit cerveau qui a terni en quelques heures une réputation sportive qui pouvait être formidable. Je ne puis m'empêcher de penser respectueusement à ces grands disparus qui avaient pour nom Pottier et Petit-Breton. Ceux-là couraient avec leurs muscles et point comme des femmes sensibles ! »

L'année suivante, en 1920, les Pélissier sont à nouveau sur le départ du Tour. Henri gagne à Brest, puis aux Sables-d'Olonne et, toujours suivi de Francis, abandonne sur la route de Bayonne à Rochefort. Cette fois-ci, il accuse les trop nombreuses crevaisons. Desgrange affirme que les frères Pélissier ont roulé à dessein dans les endroits où la route est la plus mauvaise, pour multiplier ce genre d'incidents et quitter le Tour au plus vite. Dépité, il écrit le soir même de l'abandon des deux frères, toujours à propos d'Henri : « Le Tour de France, désormais, lui est interdit, non pas musculairement mais moralement. C'est pour lui une pâtée trop épaisse, la cuillère tient debout dedans. Il a moralement le gros ventre. Il est repu alors qu'il faut au Tour de France des états de chat efflanqué. Henri Pélissier ne figurera jamais sur la liste glorieuse des vainqueurs du Tour. » Vexés, les deux frères soutiennent que le

Tour n'est pas fait pour eux : les étapes sont beaucoup trop longues et n'offrent guère d'intérêt. « Je suis un pur-sang, s'écrie Henri, mes adversaires des chevaux de labour. » Et de vanter les courses d'un jour, comme le Paris-Roubaix ou le Paris-Tours, dans lesquelles ils se sentent à l'aise.

La brouille est toujours intense entre Desgrange et les Pélissier. Cependant, au départ du Tour 1923, les Pélissier sont une fois de plus sur la ligne. Henri gagne à Brest devant Francis, assure honorablement sa place dans les Pyrénées et décide de jouer son va-tout dans l'étape de Briançon. La veille de l'étape, il emporte son vélo dans sa chambre, le démonte entièrement, vérifie et nettoie scrupuleusement chaque pièce, et remonte le tout. Il met au point un système astucieux : il superpose sur le moyeu de sa roue arrière deux braquets, parfaitement identiques, l'un pour les montées, l'autre pour les descentes. En cas de défaillance de l'un, il peut, sans perdre de temps, changer de braquet. De peur que ce système inédit ne donne des idées à ses rivaux, il garde toute la nuit la bicyclette au pied de son lit.

Lorsque le départ est donné à Nice, il fait froid, la pluie est glaciale et le brouillard enveloppe le sommet des cols. Henri, le « pur-sang », distance tous ses rivaux. Au sommet de l'Izoard, il s'agenouille pour saluer la montagne, mais en fait c'est pour mieux ajuster la roue libre utilisée pour la descente. À Briançon, il obtient le maillot jaune et le conserve jusqu'à Paris. Desgrange pleure de joie : « Henri Pélissier a donné tout le jour un spectacle qui vaut tous les spectacles d'art. Sa victoire a le bel ordonnancement, le classicisme, des œuvres de Racine, elle a la valeur de la beauté d'une statue parfaite, d'un tableau sans défauts, d'un morceau musical destiné à demeurer dans toutes les mémoires. Dans l'Izoard, l'énorme montagne semble s'abaisser, diminuer sous la poussée victorieuse de ses muscles. » À Paris, l'enthousiasme est à son comble. Tout le monde veut voir, toucher, féliciter les deux frères qui, insigne honneur, reçoivent chacun la Médaille de la capitale, offerte pour la première fois à des sportifs en cette occasion.

L'année suivante, les frères Pélissier sont à nouveau sur la ligne de départ. Ils savent combien Desgrange a besoin d'eux et sont bien décidés à en jouer. L'occasion se présente à Cherbourg, au départ de la troisième étape. Le commissaire Trialoux s'approche d'Henri pour vérifier le nombre de maillots qu'il porte – à l'époque, il était en effet interdit aux coureurs de s'alléger en se débarrassant sur les bas-côtés de la route des maillot, imperméable, sacoche, boyaux et pompe. Tout appartenait à Desgrange, qui avait horreur du gaspillage. Un coureur qui avait deux maillots au départ de l'étape devait en avoir deux à l'arrivée. Henri est vexé de cette inspection et le fait savoir... cent kilomètres plus loin, en abandonnant le Tour avec son frère, à Coutances. Ils s'arrêtent au Café de la Gare et attendent. Le reporter Albert Londres, célèbre pour ses reportages dans le monde entier, couvre le Tour pour *Le Petit Parisien* et vient les rejoindre. Les frères Pélissier flairent le bon coup. Ils savent que Londres ne connaît rien à la course mais qu'il cherche du « vécu », comme le disent les journalistes. Les Pélissier en profitent et racontent, en exagérant à plaisir, leur triste condition de coureurs du Tour... Le soir même, Albert Londres intitule son papier « Les Forçats de la route », titre inspiré d'un récent reportage au bagne de Cayenne. Une fois encore, les Pélissier ont gagné. À la fin du Tour, Desgrange, troublé par les écrits d'Albert Londres, convoque les deux frères dans son bureau. Lorsqu'ils entrent, Desgrange, jovial, leur tend la main. Henri, toujours têtu, hésite, puis s'écrie : « Ah, non ! Pas encore ! », avant de tourner les talons, suivi de Francis.

En 1925, les frères Pélissier sont toujours sur la ligne de départ, mais ils ont vieilli. Henri a maintenant trente-quatre ans, Francis trente et un. L'aîné abandonne dès la quatrième étape au cours de Brest-Vannes ; le cadet, un peu plus tard, dans les Pyrénées. Pour Desgrange, « les causes de l'abandon d'Henri Pélissier sont normales. Le métier de coureur cycliste est difficile, et il demande à être exercé au milieu du calme le plus complet. » Le message est clair : la polémique est inutile.

Lorsque, à son tour, Francis quitte la course, Desgrange intitule son éditorial : « Bon débarras » et, de fureur, ironise sur le petit dernier des Pélissier, Charles, qui veut être coureur « mais qui, à vingt-trois ans, n'a toujours pas trouvé le moyen de gagner une course ». Ce que Desgrange ne sait pas, c'est que Francis avait préparé son abandon. Le matin même, il avait téléphoné à Luchon pour réserver une table dans le meilleur restaurant de la ville. Lorsqu'il met pied à terre, au sommet du Tourmalet, Charles est là pour prendre la foule à témoin des malheurs de son frère, contraint d'abandonner « le cirque Desgrange qui mène à la défaillance ». Et le soir, Francis et Charles s'offrent une bouteille de champagne aux frais de Desgrange. Quatre jours plus tard, Charles remporte son premier succès dans le Circuit de l'Allier.

Henri Desgrange a vite compris que Charles est d'une autre trempe que ses frères et, surtout, qu'il est encore plus populaire. Sur les conseils de ses frères, il refuse de disputer le Tour. Mais Desgrange est tenace. Il dépêche André Trialoux – le commissaire aux maillots ! – pour convaincre le cycliste. Charles accepte. De 1929 à 1935, il y participera six fois et remportera seize victoires d'étape. Une relation de confiance va bientôt s'installer entre Desgrange et son protégé. En 1929, dans l'étape des Alpes, Charles, à bout de forces, se fait trop longtemps tirer par une voiture. Mis hors course, il plaide sa cause auprès de Desgrange. Le patron du Tour passe l'éponge et autorise Charles à repartir. Dès lors, Desgrange va façonner Charles. Lui qui n'a jamais réussi à imposer quoi que ce soit à Henri et à Francis, va faire de Charles son protégé. Par l'intermédiaire de Trialoux, il lui apprend la diététique (sang frais en guise d'apéritif), lui fait pratiquer l'abstinence sexuelle – à lui, qui a vécu deux ans avec une pulpeuse Léone, fort experte des choses de l'amour ! –, lui apprend le maintien, l'élégance – les chaussures doivent être cirées chaque matin, même les jours de course, pour que la poussière ne s'y dépose pas, les socquettes doivent être d'un blanc immaculé – et mille autres choses encore.

En 1930, Desgrange entame une véritable révolution. Le Tour se disputera désormais par équipes nationales. C'est le seul moyen de redonner du lustre à une épreuve dans laquelle les équipes sponsorisées par les marques de cycles faisaient régner leur loi. Charles Pélissier est nommé capitaine de l'équipe de France. Sur la route de Nice, malade, il songe à abandonner. Mais sa conscience professionnelle le convainc qu'un capitaine ne peut réagir comme un coureur lambda : il reste en course et surmonte ses souffrances. Dans les Alpes, il prend part au sauvetage d'André Leducq, tombé dans le Galibier. Il n'est pas étranger à la conservation du maillot jaune dans l'équipe, et Antonin Magne lui doit en grande partie sa victoire. Desgrange se laisse aller à son lyrisme habituel : « Il faut dire, chanter, proclamer, hurler au besoin, que Charles Pélissier a été possédé au cours de cette étape de Gap de cette sorte de génie qui force la victoire. Il faut dire, ayant tout fait, qu'Antonin Magne lui doit de conserver son maillot jaune. Quel grand et magnifique coureur, et avec quelle admiration je l'ai embrassé, comme on embrasse un grand enfant douloureux et superbe. » Au cours de cette année 1930, Charles comble d'aise Desgrange en remportant huit étapes du Tour et en terminant sept fois à la deuxième place. Charles est devenu un vrai vainqueur du Tour, même s'il ne l'a jamais gagné. C'est d'ailleurs au Tour qu'il doit en bonne part son palmarès.

Les trois frères Pélissier ont fini leur vie comme ils ont fini leur carrière cycliste. Deux ans après le suicide déconcertant de sa première femme, Léonie, Henri s'est mis en ménage avec Camille, surnommée Miette. Au cours d'une dispute, celle-ci tire sur Henri avec le revolver utilisé par Léonie pour se suicider. Atteint d'une balle dans la carotide, il meurt sur le coup. Miette est condamnée à un an de prison avec sursis.

Francis, lui, souffre du cœur. Un matin, alors qu'il montre des signes inquiétants de faiblesse, Maria, sa compagne, appelle un prêtre. À l'issue d'une longue conversation, Francis se confesse. Vers midi, il s'allonge sur son lit et demande à Maria de le rejoindre. Brusquement, il se redresse et s'écrie : « J'en ai marre ! Mon Dieu, qu'on en finisse ! » et se rejette en arrière avec violence. Il est mort.

Charles, sa carrière de cycliste achevée, devient l'idole du Tout-Paris. Il compte parmi ses amis Mistinguett, Tino Rossi, Maurice Chevalier ou encore les peintres Vlaminck et Dunoyer de Segonzac. Toutes les femmes lui font les yeux doux, mais jamais il ne s'est laissé fléchir : il n'aime que Madeleine, qu'il a surnommée « La Pélissette ». Sa femme est en effet la seule personne, avec Henri Desgrange, qu'il ait jamais écoutée !

1934

RENÉ VIETTO

Au secours d'Antonin Magne

Dans la descente du col de Puymorens, à la sortie du village de l'Hospital, à la bifurcation du chemin des Bésines, non loin des Lacets des Couleuvres, une plaque fixée sur un petit muret indique qu'à cet endroit, durant le Tour de France 1934, René Vietto a sacrifié ses chances personnelles pour sauvegarder celles d'Antonin Magne, alors leader de son équipe et maillot jaune. Ce geste fait partie de la riche légende du Tour.

Au départ, rien ne prédestine Vietto à devenir un personnage populaire. Et pourtant, sa vie n'est qu'une suite d'événements qui sortent de l'ordinaire. À commencer par sa naissance peu commune, presque dans la rue, le 17 février 1914. Prise de contractions, sa mère s'effondre dans l'un des chemins qui mènent au tout petit village de Rocheville-les-Cannets, où ses parents habitent une humble maisonnette. Des voisins qui reviennent du travail la découvrent par hasard et n'ont que le temps de la conduire chez elle sur une charrette à cheval avant qu'elle donne naissance au petit René. Le père de l'enfant est conducteur de poids lourds. Sa mère, elle, loue ses services à la journée dans les fermes des environs pour cueillir les fleurs et les fruits, ramasser les légumes ou récolter les olives. À peine René est-il né qu'éclate la Première Guerre mondiale. Son père est mobilisé et fait prisonnier. Durant près de cinq ans, il est absent du foyer : c'est donc seul avec sa mère que René passe ses premières années. Il se révèle vite être un garçon de caractère, détestant par-dessus tout l'autorité. Adolescent, il est le champion de l'école buissonnière et devient, grâce à l'un de ses amis, chasseur à l'hôtel *Majestic* de Cannes, puis au *Palm Beach,* deux établissements réputés de la Croisette.

Dans le même temps, initié par des camarades, il découvre le cyclisme et devient rapidement le meilleur d'un petit groupe d'apprentis coureurs. Il a dix-sept ans lorsqu'il signe sa première licence à l'Entente sportive de Cannes. Il obtient tout de suite des résultats flatteurs. Le nombre de participants aux courses est restreint, ce qui augmente ses chances de victoire. Mais c'est surtout lorsque le parcours prend de l'altitude qu'il devient imbattable. Ainsi le prouvent ses deux victoires dans la région, les Boucles de Sospel et Nice-Puget-Theniers et retour, organisées sur un relief particulièrement accidenté !

Ses progrès sont fulgurants. Il court de succès en succès et devient rapidement un personnage connu et reconnu de tous sur la Côte d'Azur. Son sens de la formule enchante d'autant plus qu'il n'a peur de rien, et surtout pas des coureurs aguerris, au solide palmarès. « Je les attends, prêt à bondir, aime-t-il répéter. Ils vont voir qu'un Vietto n'a peur de personne. » Sa notoriété dépasse rapidement les frontières. Il n'a que dix-neuf ans lorsqu'il est convié à participer au Tour d'Italie. La course est difficile car les conditions climatiques sont désastreuses, en particulier dans les Dolomites. De plus, René Vietto, contraint de courir sur une machine italienne, tombe plus souvent que les autres coureurs. Pour mieux ressembler à l'Italien Alfredo Binda, qu'il a choisi pour référence, il a pris l'habitude d'utiliser une machine de sa conception, dont la toute petite selle et le cintre du guidon abaissé lui permettent, dit-il, d'avoir plus de puissance en montagne. Pourtant, sa prestation lui vaut des commentaires flatteurs de la part des journalistes italiens. Des constructeurs viennent le voir pour lui proposer des contrats alléchants, pourvu qu'il prenne la nationalité italienne. Cette éventuelle naturalisation peut être obtenue rapidement, puisque ses grands-parents paternels sont piémontais. Mais Vietto, qui a de plus en plus le sens de la formule, répond par cette sentence définitive : « Français je suis, Français je reste. » La déclaration fait mouche en France, car à cette époque, l'Italie est sur le point de confier les rênes du gouvernement à Mussolini.

Vietto multiplie toujours les succès, aussi Henri Desgrange le sélectionne-t-il pour le Tour de France au sein de la formation nationale. Il n'a que vingt ans. André Leducq, déjà deux fois vainqueur de l'épreuve, n'est pas sélectionné, son nouveau directeur sportif n'étant autre qu'Henri Pélissier. En revanche, Desgrange nomme Charles Pélissier capitaine de l'équipe de France. La formation française, comme les autres, est livrée à elle-même, les directeurs sportifs n'étant pas autorisés à intervenir dans le Tour. Au départ, il y a cinq équipes nationales de huit coureurs, et vingt touristes-routiers, soit soixante coureurs. Au sein de chaque équipe, c'est un peu chacun pour soi. Il n'y a pas de véritable entente entre les cyclistes. Jusqu'aux Alpes, l'équipe de France obtient victoire sur victoire. Speicher inaugure la liste de ces succès, suivi par Le Greves et Lapébie. Ils remportent chacun deux étapes. René Vietto, qui veut obtenir le prix du Meilleur grimpeur, créé cette année-là, se doit d'intervenir dès la première étape des Alpes. En fait, il remportera les trois étapes des Alpes. D'abord Aix-les-Bains-Grenoble par le Galibier – « Je n'ai pas forcé dans le Galibier, car le Tour est encore long », dira-t-il –, puis Gap-Digne, par les cols de Vars et Allos – 140 km d'échappée solitaire –, et enfin Nice-Cannes, devant son public et sur des routes qu'il connaît à la perfection – le col de Braus en particulier, théâtre de ses premiers exploits.

À Cannes, c'est l'euphorie. Exubérants et indisciplinés, les spectateurs envahissent la chaussée d'arrivée. La bousculade est gigantesque. Jacques Goddet, qui tente de rétablir l'ordre, est agressé. Le « pitchoun René » est devenu le « roi René ». Pour ces méridionaux, Vietto est, à n'en pas douter, le futur vainqueur du Tour de France. À ce point du Tour, Vietto, qui a connu bien des malheurs au cours de la première étape en perdant vingt minutes sur les meilleurs, est troisième du classement général, à une demi-heure d'Antonin Magne, maillot jaune depuis le deuxième jour. Magne est de dix ans plus âgé que Vietto. C'est un coureur confirmé, déjà une fois vainqueur du Tour. Entre les deux hommes que tout oppose se noue une amitié sincère. Autant Magne est calme, méticuleux, réfléchi et économe, autant Vietto parle beaucoup, assène des propos parfois cinglants et dépense sans compter. À Cannes, poussé par ses supporters, il se croit capable de gagner le Tour. Cette idée est fortement ancrée en lui et le restera jusqu'à sa mort.

Deux jours plus tard, le Tour est dans les Pyrénées. C'est Perpignan-Ax-les-Thermes. Dans le premier tiers de la descente du col de Puymorens, Antonin Magne, toujours maillot jaune, rate un virage et tombe. Sa roue avant, en bois, est brisée, inutilisable. Il faut la remplacer. Tout de suite, Vietto donne sa roue à Magne, mais il n'est pas possible de la mettre en place, les empattements étant différents. Magne s'impatiente, Vietto s'énerve. Arrive Speicher, qui a gardé de son apprentissage chez un marchand de cycles des notions de mécanique. Il monte sa propre roue avant sur la machine de Magne, qui repart à toute vitesse. Speicher se saisit alors de la roue avant de Vietto, l'ajuste sur sa bicyclette et file, pour tenter de rejoindre Magne, distancé par son plus sérieux rival, l'Italien Martano. Vietto se retrouve seul. Il s'assied sur le parapet, le genou droit plié, la tête sur le genou, les larmes lui rougissant les yeux. La photo fait le tour des rédactions. À cet instant, nombreux sont ceux qui affirment – et Vietto avec eux – que le Cannois a perdu le Tour. Le coureur attend de longues minutes l'arrivée du camion de dépannage et rejoint la ligne d'arrivée cinq minutes après Magne. Le lendemain, c'est Ax-les-Thermes-Luchon. Dans la descente du col du Portet d'Aspet, Antonin Magne ne peut éviter un nid-de-poule. La chaîne quitte son logement, se noue, s'enroule autour d'elle-même et finalement se bloque. Magne tente de la remettre, sans y parvenir. Un peu plus loin, devant Magne, Vietto descend tranquillement. Il attend son leader. Un Allemand, Geyer, le double et lui crie : « Magne, *kaputt*. Magne, *kaputt*. » Vietto croit alors Magne victime d'une chute grave. Sans réfléchir, il fait demi-tour, reprend la course en sens inverse et trouve Magne penché sur son vélo, les mains couvertes de cambouis, tentant avec force jurons de démêler l'inextricable chaîne. « Vite, Tonin, lance Vietto, prends mon vélo. » Et une fois de plus, Vietto se retrouve seul à attendre le camion de dépannage. En deux jours, il aura perdu neuf minutes, mais gagné la considération de toute la caravane et l'affection du public. Lorsqu'Antonin Magne, vainqueur final de l'épreuve à Paris, effectue son tour d'honneur, il y associe toute l'équipe de France. Celle-ci obtient dix-neuf étapes sur vingt-trois : Lapébie, cinq victoires ; Vietto, quatre ; Le Grèves, quatre ; Speicher, trois ; Magne, deux ; et Louviot, une. René Vietto est aussi le vainqueur du premier classement de la montagne.

Magne et Vietto entament la tournée des critériums. Une tournée bien remplie ! Ils sont demandés dans toute la France et ne refusent aucune invitation. L'un et l'autre ont besoin d'argent, Magne pour agrandir sa ferme de Livry-Gargan, Vietto pour le dépenser avec l'insouciance de ses vingt ans. L'année suivante, en 1935, Vietto participe une nouvelle fois au Tour au sein de l'équipe de France. Mais après sa victoire dans Paris-Nice en début de saison, il a pris des libertés avec son statut de coureur. Dès la première étape, il perd vingt minutes sur les leaders, puis douze dans l'étape contre la montre Grenoble-Évian. Plus tard, il gagne les étapes d'Aix-les-Bains et d'Annecy. Il termine huitième à Paris.

René Vietto revient sur le Tour en 1939, mais cette fois-ci dans l'équipe régionale du Sud-Est. Le quatrième jour de course, à Lorient, il est maillot jaune. Il conserve la première place du classement général jusqu'à Briançon. Épuisé par trop d'efforts, il concède vingt minutes au futur vainqueur, le Belge Sylvère Maes. « Ce Vietto, dit-on alors, quelle tête de linotte ! Il n'est pas capable de doser ses efforts. » Persuadé d'être persécuté, il termine toutefois deuxième de ce Tour. À la fin de l'année 1939, il est mobilisé et est affecté dans un régiment à Sorgues, où il occupe le poste de vaguemestre. Fait prisonnier à Sully-sur-Loire début 1940, il s'évade... à bicyclette au cours de son deuxième mois de captivité. Durant l'Occupation, comme il habite au sud de la ligne de démarcation, il participe aux rares épreuves qui sont organisées. Il devient même champion de France de la Z.N.O., la zone non occupée, mais la flamme des débuts n'est plus là.

Une fois encore, il revient sur le Tour en 1947. C'est celui de la reprise. Vainqueur d'étape à Bruxelles le deuxième jour, il endosse le maillot jaune mais le perd quarante-huit heures plus tard. Premier à Briançon, il redevient maillot jaune jusqu'à Saint-Brieuc, à deux jours de l'arrivée à Paris : c'est l'étape contre la montre Vannes-Saint-Brieuc, longue de 139 km. À nouveau atteint de son syndrome de persécution, il annonce qu'il va quitter la compétition. Alors qu'il regagne son hôtel, la tête basse, la mine abattue, il est accueilli par son directeur sportif Léon Véron et par quatre journalistes : Georges Briquet, Jean Quittard, Pierre Chany et Albert Baker d'Isy. Chacun tente de le persuader qu'il est inutile de quitter le Tour si près de l'arrivée. Briquet se fait convaincant : « Un champion comme toi n'a pas le droit d'abandonner », lance le journaliste. « Qui a parlé d'abandon ? » réplique le coureur. « Un Vietto n'abandonne jamais. Il se retire. » Et le lendemain, René Vietto est sur la ligne de départ !

René Vietto participe encore trois fois au Tour, mais sans y jouer un rôle prépondérant. Il n'a plus le feu sacré. Son caractère est devenu insupportable. Fin 1949, il devient directeur sportif de la formation Helyett. L'expérience tourne court. C'est le premier d'une succession d'échecs. Tour à tour tenancier d'un bar-tabac, puis propriétaire d'un restaurant à Grasse, il devient éleveur de porcs en Bigorre parce que, dit-il, les porcs « ça ne parle pas ! » Il s'établit finalement à Orange, où il passera le reste de sa vie, ressassant sans cesse son geste du Tour 1934. Il meurt à soixante-quatorze ans, victime d'une hémorragie cérébrale.

Dans son testament, il demande que la lettre qu'Antonin Magne lui a écrite en 1934 pour le remercier allume le brasier qui va transformer son corps en cendres. Au sommet du col de Braus, là même où, à dix-neuf ans, il a battu les meilleurs, on disperse ses cendres, selon sa volonté. Même après sa mort, René Vietto n'a jamais voulu qu'on oublie ce Tour de France 1934.

1947

LE TOUR DE LA REPRISE

« Vous obtiendrez tout ce que vous voulez. »

À peine le Tour de 1939 était-il terminé que l'armée allemande envahissait plusieurs pays d'Europe. C'est le début de la Seconde Guerre mondiale. Dès la signature de l'armistice, en juin 1940, le gouvernement de Vichy décide de collaborer avec l'occupant. La ligne de démarcation, que l'on ne peut franchir sans autorisation allemande, coupe la France en deux. Il est impossible d'organiser le Tour, car Jacques Goddet refuse de solliciter cette permission. En 1942, pourtant, l'occupant trouve un volontaire français pour mettre sur pied un Circuit de France. Cette course en six étapes, qui part et aboutit à Paris, franchit la ligne de démarcation en présence de Pierre Laval, chef du gouvernement de Vichy. Cette épreuve n'aura pas de lendemain. À la Libération, les biens de *L'Auto* sont mis sous séquestre, le journal de Jacques Goddet, par ailleurs président du Tour, ayant continué à paraître durant la guerre. On lui reproche en particulier d'avoir publié, sous la rubrique « Savoir vite », des communiqués émanant des forces d'occupation. C'est oublier un peu vite que l'imprimerie de *L'Auto,* couverte par Goddet, a confectionné bon nombre de tracts pour la Résistance.

D'abord publié avec le quotidien *Élans, L'Équipe,* qui remplace *L'Auto,* paraît bientôt seul. Ses bureaux sont situés au 13 de la rue du Faubourg-Montmartre, face à ceux de *L'Auto,* dans un petit appartement de quatre pièces. Très vite se pose la question de la renaissance du Tour. Les candidats à la reprise sont nombreux. Deux hommes vont pourtant jouer un rôle capital : André Kaouza, préfet de Paris, et Jean Capdeville, inspecteur principal des Douanes, chargé par l'État de veiller aux biens de *L'Auto.* Dans un premier temps, Capdeville autorise Jacques Goddet à retrouver son bureau de *L'Auto* et se laisse convaincre par les arguments de celui-ci : « Si le Tour de France n'est pas organisé dans les délais les plus brefs, il quitte le giron de *L'Auto* pour toujours. » André Kaouza fait passer le message au gouvernement. En 1946, on organise, entre Monaco et Paris, en passant par les Alpes, la Course du Tour de France, que remporte Apo Lazarides.

Le gouvernement lève le séquestre. *L'Équipe* reprend alors les installations de *L'Auto.* Le Tour peut à nouveau s'élancer sur les routes de France. Trois organisateurs prennent les choses en main : la Société du Parc des Princes, *L'Équipe* et *Le Parisien libéré.* André Kaouza est choisi pour président. Henri Desgrange étant mort en 1940, Jacques Goddet devient tout naturellement le directeur général, assisté du jeune Félix Lévitan, qui dirige la page sportive du *Parisien*, et de Charles Joly, résistant de la première heure. Henri Manchon, qui a veillé avant-guerre sur la carrière des frères Pélissier, est nommé directeur sportif général. Le budget atteint cinq cents millions de francs. Le départ est fixé au 25 juin 1947.

La guerre est finie depuis trois ans, mais les cartes d'alimentation sont encore en vigueur. La France est loin d'avoir achevé sa reconstruction. Certaines routes ne sont qu'une succession de nids-de-poule et d'ornières. Beaucoup d'usines de matériel cycliste, bombardées pendant la guerre, n'ont pas encore repris leur activité. Pour tous, la vie est très difficile et les distractions rares. Paul Ramadier, président du Conseil, confie à Henri Manchon : « Pour le Tour de France, vous obtiendrez tout ce que vous voudrez. Pendant le Tour, les Français penseront à autre chose qu'à leurs misères quotidiennes. » Et si le comité d'organisation fournit cent cinquante bicyclettes (cent pour la course, cinquante de rechange), Manchon pour sa part débloque une tonne de viande, 800 kg de sucre et de bananes, 30 hectolitres de vin, 250 paires de roues, 2 000 boyaux, 350 paires de lunettes de soleil, 6 000 bidons et 150 valises. Il obtient aussi du carburant pour deux trajets d'avion quotidiens (le matin pour amener les invités de marque et les journaux, le soir pour ramener les invités et emporter les photos qui seront développées pendant le vol et livrées aux imprimeurs). Manchon obtient enfin le prêt de 30 voitures, 9 motos, 7 camions, un autocar, un camion aménagé pour la Croix-Rouge et un camion-citerne. Le Tour de France peut partir. Tout est prêt. Cinq mois ont suffi pour tout mettre sur pied. Dix équipes vont s'affronter : cinq nationales et cinq régionales. Le Belge Sylvère Maes, vainqueur du Tour 1939, déclare forfait quarante-huit heures avant le départ. Il souffre d'un furoncle. Au programme : vingt-deux étapes pour un parcours total de 4 642 km.

Au siège de *L'Équipe,* les coureurs viennent retirer leur « paquetage » : bons d'hébergement, valises, maillots, lunettes, casquettes. Ils remplissent une fiche sur laquelle ils indiquent leur état-civil et leurs mensurations, puis se rendent au vélodrome d'Hiver, où une bicyclette et des boyaux leur sont remis.

Le 25 juin, dans son éditorial qu'il intitule « Acte de foi », Jacques Goddet retrouve les accents lyriques et patriotes de son révéré prédécesseur, Henri Desgrange : « Alors que notre pays, brisé par tant de dures années, grince et gémit, supportant les convulsions qui le secouent, le Tour de France, cette grande fête populaire, reprend sa place. Le Tour, c'est un message de joie et de confiance. Son existence même évoque intensément l'idée de paix. Parce qu'au moins, l'une de ses missions est d'apaiser les nerfs et les esprits. Parce qu'il remet en mouvement cette énorme machine dont le moteur accélère l'économie de la France. Parce qu'il plaque sur tous les décors radieux de notre pays la frise émouvante, enthousiasmante, étonnante, d'une chevauchée héroïque dont la haine est exclue. Oui, nous le savons bien, ceux qui ne sont pas touchés par la grâce sportive sourient déjà de nos superlatifs, de nos émois, du lyrisme qui ornementent les papiers des suiveurs du Tour. Allez ! nous avons beau nous méfier de nous-mêmes, nous recommander la prudence de nos rédactions : nous sommes déjà des prisonniers du Tour. » André Kaouza, le préfet de Paris et président du Tour, pourtant peu amateur de cyclisme, se révélera séduit. Il le suit de bout en bout et confie chaque semaine ses impressions au journal *Ambiance,* partenaire du maillot jaune.

Le mercredi 25 juin, les ultimes préparatifs du départ ont lieu entre six et huit heures du matin, avenue d'Iéna, au siège d'*Ambiance.* Malgré l'heure matinale, la foule est immense. Le champion de boxe Marcel Cerdan lance le défilé qui conduit les quatre-vingt-dix-neuf concurrents à Pierrefitte, sur la nationale 1, où Jacques Goddet donne le départ de la première étape « à la volée ». Deux radios françaises couvrent la course : Radio Luxembourg, partenaire des journaux organisateurs – avec Alex Virot, capitaine d'une unité combattante de la Résistance, et Félix Lévitan, emprisonné pendant la guerre –, et la radio nationale – avec Georges Briquet, de retour du camp de Dachau, et Jean Quittard, lui aussi résistant.

Le Suisse Kubler arrive en tête à Lille, terme de la première étape. Le lendemain, coup de théâtre ! Sur les pavés entre Lille et Bruxelles, l'un des favoris, René Vietto, plus connu comme grimpeur que comme rouleur, attaque sèchement et prend le maillot jaune. Il le conservera jusqu'aux pieds des Alpes.

Le début du Tour est difficile : la canicule s'est abattue et l'impréparation de la plupart des concurrents inquiète les organisateurs. Les abandons sont nombreux : dix dans la deuxième étape, seize dans la troisième. À Besançon, où l'on observe la première des cinq journées de repos, ils ne sont plus que soixante et onze en course : vingt-neuf coureurs se sont retirés en cinq jours. Jacques Goddet s'interroge : « N'est-ce pas trop dur pour un Tour de reprise ? Fallait-il un Tour préparatoire ? » Mais il n'a pas le temps de répondre à ses questions ; comme le public, il s'enthousiasme pour un coureur de la jeune génération, Jean Robic. Robic, qui s'est marié quatre jours avant le départ du Tour, a promis à sa femme de revenir vainqueur pour remplacer la dot qu'il n'a pas les moyens d'apporter. Robic, qui n'est pas encore « Biquet » ou « Tête de Cuir », est vite surnommé par la presse « Jean le hargneux ». Chacun a remarqué son caractère volontaire et sa prédisposition à créer des situations embarrassantes. Robic gagne la première étape des Alpes, devient quatrième du classement général à sept minutes du nouveau maillot jaune, l'Italien Ronconi. Seul Jacques Goddet croit alors en une victoire finale de Robic. Évoquant le maillot jaune, il résume ainsi son sentiment : « Vietto l'eut, Ronconi l'a, Robic l'aura. »

René Vietto redevient premier du classement général à Digne après les escalades de l'Izoard, de Vars et d'Allos. Convaincu qu'il est incapable de remporter le Tour, Robic annonce : « Je ne vise plus désormais que les victoires d'étape ». Et pourtant ! Dans la grande étape des Pyrénées, Robic passe en tête aux sommets d'Aspin, du Tourmalet, du Soulor et de l'Aubisque. Il remporte l'étape et se rapproche de Vietto, toujours maillot jaune. Goddet persiste dans son idée : Robic va gagner le Tour. À Luchon, il écrit : « J'ai cru à Grenoble que Robic gagnerait le Tour. Je crois, ce soir à Luchon, qu'il le gagnera. » Le directeur est sûr de lui malgré les événements qui lui donnent tort. La propre écurie de Robic lui bat froid. De fait, les déclarations du coureur, par lesquelles il minimise le rôle de ses coéquipiers, sont très mal accueillies. Ces derniers s'attachent même, lors des deux étapes qui mènent la caravane de Bordeaux à Vannes, à le laisser se débrouiller seul. Ils vont parfois même jusqu'à l'attaquer. Mais Robic résiste à tout.

Le Tour est sur le point de s'achever, mais le suspense demeure. Il reste une difficile étape contre la montre entre Vannes et Saint-Brieuc, longue de 139 km. Vietto y perd un quart d'heure, et toute chance d'être vainqueur de l'épreuve lui échappe. Robic gagne la troisième place au classement général, à moins de trois minutes du nouveau leader, l'Italien Pierre Brambilla – qui, en réalité, n'a d'italien que la nationalité, car il a toujours vécu en France.

Voici venu le jour de la dernière étape : Caen-Paris, 257 km. Dans la côte de Bonsecours, à la sortie de Rouen, Jean Robic attaque. Brambilla, maillot jaune, réplique, talonné par Édouard Fachleitner. Robic insiste. Brambilla rétrograde, mal secondé par ses équipiers, à l'exception de Tacca, un autre Italien de France.

Le sort du Tour se joue entre Robic et Fachleitner, le Breton étant le mieux placé au classement général. Pour remporter l'épreuve, Robic propose un arrangement financier. Fachleitner accepte. Mais en fin de parcours, il tente quand même de distancer Robic à plusieurs reprises. Il est trop tard. Jean Robic remporte son unique Tour de France, sans avoir jamais porté le maillot jaune au cours de l'épreuve. Jacques Goddet et les organisateurs sont heureux. Ce Tour est une réussite. Personne d'autre qu'eux ne peut désormais se vanter de pouvoir organiser le Tour.

Jean Robic devient un coureur populaire. René Vietto sait qu'il ne gagnera jamais le Tour. Écœuré, Pierre Brambilla, troisième du Tour, enterre son vélo au fond de son jardin le soir de la dernière étape. Il veut changer de métier. Mais dès le lendemain matin, il déterre sa machine et la nettoie avec un soin méticuleux, à tel point qu'elle semble plus neuve encore que lors de sa première utilisation. Quant à Édouard Fachleitner, le deuxième du Tour, il regrette toujours son moment de découragement au cours de la troisième étape. Abattu par la canicule, il s'est arrêté plus d'un quart d'heure sous un arbre, au milieu d'un pré, pour narguer à la fois ses adversaires et l'organisation. Et il ne lui a manqué que quatre minutes pour devancer Jean Robic au classement final...

1948

GINO BARTALI
Le garant de la paix civile italienne

L'Italien Gino Bartali est né le 18 juillet 1914 à Ponte-a-Emma, tout petit village proche de Florence. Dans la Toscane de ce début du XXe siècle, les gens sont particulièrement pieux, et ce sont même les pères franciscains qui organisent les courses cyclistes. C'est dans l'une d'elles que le tout jeune Bartali – il vient de fêter son treizième anniversaire – remporte son premier succès. La jeunesse de Bartali ressemble à celle des autres gamins. Écolier, enfant de chœur lors des services religieux, apprentissage chez le seul marchand de cycles de la région à Bagna a Ripoli... Mais il est déjà passionné de courses cyclistes. À vingt et un ans, il passe professionnel. Nous sommes en 1935. Très vite, il se construit un palmarès. Dès sa première année, il est champion national et vainqueur d'une étape du Tour d'Italie. L'année suivante, il gagne le Giro en emportant deux étapes. En 1937, il est à nouveau champion national, à nouveau vainqueur du Giro où il se classe premier dans quatre étapes. Et pourtant, Bartali souffre d'une broncho-pneumonie. Après cette épreuve, il entend se reposer. Mais le gouvernement italien décide d'envoyer au Tour de France une équipe nationale, dont il est exclu que le Toscan ne fasse pas partie. Bartali, lui, veut faire l'impasse. Mal lui en prend : il devient l'objet d'une violente campagne de dénigrement, alimentée par le journal fasciste *Popolo d'Italia*, qui affirme même que le coureur demande un pot-de-vin pour participer au Tour. Finalement, Bartali consent à prendre le départ au Vésinet, près de Paris.

D'office, il est considéré comme le leader de la formation italienne. En fait, l'équipe est divisée, à la fois sur le plan politique – en ces années de troubles – et sur le plan sportif : Bartali ne peut en effet réellement compter que sur quatre équipiers. Les organisateurs du Tour découvrent alors le côté mystique de Bartali qui, les matins d'étape importante, se rend à l'église pour entendre la messe ou fait venir un prêtre pour la dire dans sa chambre. Les journalistes le baptisent aussitôt « Gino le Pieux ». À Grenoble, au terme d'une étape de haute montagne qui comprend l'ascension du Galibier, Bartali reçoit le maillot jaune. Le lendemain, sur la route de Briançon, Bartali tombe lourdement dans la traversée d'Embrun : il se retrouve au fond d'un torrent, blessé au bras et au genou gauche. Remis en selle par son fidèle équipier Camusso, il parvient à sauver son maillot jaune, mais abandonne le Tour quelques jours plus tard.

L'année suivante, en 1938, Gino Bartali est devenu un héros dans son pays. Sa popularité est si grande qu'il passe pour un véritable ambassadeur de l'Italie. Il est présent au départ du Tour de France, mais sa participation fait l'objet de bien des tractations. D'abord, la plus haute autorité de l'État italien, alors sous régime fasciste, veut que Bartali prenne le départ du Tour de France pour rendre à son pays une aura très contestée à l'étranger, en cette veille de la guerre. Or la rumeur se répand alors qu'un coureur ne peut participer la même année au Giro et au Tour. Légende ou vérité ? Il faut donc trouver une excuse pour que notre Toscan ne coure pas le Giro. La solution est vite trouvée : on décrète tout simplement que celui-ci est réservé aux jeunes coureurs. Personne n'ose objecter que Bartali s'apprête à fêter son vingt-quatrième anniversaire, ce qui n'est pas bien vieux : on ne discute pas les ordres du Duce !

Bartali est donc au Vésinet, au départ du Tour, entouré d'une formation dévouée. Il domine la situation dans la grande étape des Alpes Digne-Briançon, qui comprend l'ascension des cols d'Allos, de Vars et d'Izoard. À Briançon, nombreux sont les Italiens qui sont venus le voir, le toucher, le féliciter. Le service d'ordre est rapidement débordé. Le général Antonelli, par ailleurs président de la Fédération italienne de cyclisme, intervient, s'écriant de sa voix la plus forte : « N'y touchez pas, c'est un dieu ! »

La situation internationale en 1939 contraint Bartali à rester en Italie. Arrive le temps de la Deuxième Guerre mondiale. Bartali est incorporé dans l'aviation, puis déclaré « apte-enrôlé », son cœur ayant été jugé trop gros. Il est affecté à la garde des voies ferrées. Quelque jours avant d'être mobilisé, il s'est marié avec Adriana, caissière dans un magasin de Florence situé en face de la pâtisserie où il a ses habitudes. C'est dans la chapelle de l'archevêché de Florence, que le cardinal Elia Della Costa célèbre la messe et reçoit le consentement des époux.

En 1943, Bartali est affecté à la police de la route dans sa région de Florence. Très vite, il comprend que son nouveau régiment est une succursale du fascisme. Il démissionne. Avec sa femme et son premier fils, Andrea, il se cache dans les Apennins. Mais il est dénoncé et jeté en prison durant quarante-cinq jours. Ses amis catholiques le font libérer contre une forte caution. Cela lui permet d'attendre la fin de la guerre en disputant sur vélodrome des rencontres avec Fausto Coppi qui, après avoir combattu sur le front éthiopien, vient d'être libéré par les Anglais.

En 1948, dix ans après son premier succès, Bartali prend à nouveau le départ du Tour de France. Il vient de terminer huitième du Giro, derrière son compatriote Fiorenzo Magni. Le

14 juillet, c'est la journée de repos à Cannes : Louison Bobet, vainqueur de l'étape, vient de recevoir le maillot jaune. Vers le milieu de l'après-midi, on apprend que Palmiro Togliatti, le leader du Parti communiste italien, a été victime d'un attentat : l'extrémiste de droite Antonio Pallante lui a tiré dessus, le blessant grièvement. Tous les envoyés spéciaux italiens présents sur le Tour viennent prendre congé de Bartali : leurs rédactions les rappellent d'urgence en Italie. On craint une guerre civile. Vers 18 heures, le champion italien reçoit un coup de téléphone d'Alcide De Gasperi, le Premier ministre. De Gasperi est le principal dirigeant de l'Action catholique, organisme dans lequel Bartali milite depuis sa création. De Gasperi et Bartali se connaissent bien, ils se tutoient. Pour calmer les esprits de ses compatriotes inquiets, De Gasperi prie Bartali de gagner le Tour. Bartali promet de faire pour le mieux.

Le surlendemain, c'est l'étape Cannes-Briançon par l'Izoard. Le temps est exécrable : il tombe une pluie glaciale qu'accompagne un épais brouillard. Surmontant ses appréhensions, Bartali lance une attaque violente et n'est plus qu'à une minute de Bobet au classement général. Puis c'est Briançon-Aix-les-Bains. Trois cent onze kilomètres par les cols du Lautaret, du Galibier, du Télégraphe, de la Croix-de-Fer, du Glandon, de Porte, de Cucheron et du Granier. L'Italien remporte cette étape et devient maillot jaune. Gino Bartali gagne ce Tour de France ; il laisse à ses équipiers la totalité de ses prix et de ses primes, geste devenu depuis une tradition. À peine la ligne d'arrivée parisienne franchie, il prend le train de nuit pour Rome. À sa descente du train, il est conduit par De Gasperi chez Luigi Einaudi, qui vient d'être élu président de la République, puis file au Vatican où il offre son vélo au pape.

Palmiro Togliatti sourit lorsque son fils lui annonce la victoire de Bartali, avant de retomber dans le coma. Il survivra à ses blessures. Il n'y aura pas de guerre civile en Italie. Grâce au succès de Bartali ? Pourquoi ne pas le croire ?

1950

ABD EL-KADER ZAAF
Le facétieux du peloton

L'Algérien Abd el-Kader Zaaf participe à trois reprises au Tour de France. Si son nom est passé à la postérité, ce n'est pas en raison de ses capacités cyclistes, mais bien parce qu'il est le héros, en 1950, d'une aventure peu commune. Cette année-là, entre Perpignan et Nîmes, Zaaf n'est pas un coureur dangereux pour le Suisse Ferdi Kubler, futur vainqueur de l'épreuve et déjà porteur du maillot jaune : Kubler le devance de près de deux heures au classement général. Zaaf a obtenu la veille sa meilleure place à l'issue d'une étape en se classant cinquième à Perpignan après avoir remporté le sprint du peloton. C'est la canicule. Les coureurs sont assoiffés. Tous les prétextes sont bons pour s'arrêter au moindre point d'eau. Il n'y a pas un souffle d'air. Zaaf est soudain pris de vertiges : il s'effondre au pied d'un platane. Lorsque les journalistes et le service médical arrivent sur les lieux, Zaaf est inconscient. Tous remarquent que le coureur exhale une forte odeur de vin. Réconforté, il veut repartir. Il monte sur son vélo, mais au lieu de reprendre la route, repart en sens inverse. Très vite, le bruit court dans la caravane que Zaaf, pourtant musulman, a abusé du vin et qu'il est ivre.

Tous rient de bon cœur, et les journalistes sentent qu'ils tiennent là une bonne histoire à raconter. C'est à peine s'ils vont s'intéresser à la victoire, à Nîmes, du compatriote de Zaaf, Marcel Molinès. Ce dernier a vite compris le parti publicitaire qu'il peut tirer d'une telle aventure. Après avoir terminé l'étape en ambulance, il propose dès le lendemain à Jacques Goddet, directeur du Tour, d'effectuer seul, avant le départ de Nîmes, les kilomètres parcourus la veille en ambulance. Plus tard, beaucoup plus tard, on apprendra que Zaaf n'a jamais été ivre sur le bord de la route. Des spectateurs, émus de sa défaillance, l'ont tout simplement aspergé avec le seul liquide qu'ils avaient sous la main : dans ce pays viticole, c'était... du vin !

L'année suivante, des journalistes donnent à Zaaf le surnom de « casseur de baraques ». L'anecdote se déroule en deux temps. Entre Carcassonne et Montpellier, alors que la canicule s'abat une fois de plus sur le peloton, Zaaf attaque sèchement dans le col d'Usclats. Seuls le Suisse Koblet et quelques autres l'ont suivi. L'Italien Fausto Coppi a vainement tenté de rattraper les échappés : il doit renoncer, accablé par la chaleur qui le prive de ses forces. L'échappée initiée par Zaaf arrive à son terme. Koblet remporte l'étape, alors que Coppi connaît, trois heures durant, un véritable calvaire. Il franchit la ligne d'arrivée plus d'une demi-heure après le vainqueur.

Quelques jours plus tard, au cours du Gap-Briançon, Zaaf propose à Coppi – dont la défaillance n'est déjà plus qu'un souvenir –, d'attaquer l'étape ensemble, l'un à gauche de la route, et l'autre à droite, afin de déterminer lequel d'entre eux est le meilleur. Coppi accepte en riant. La course commence, mais l'Italien se retrouve vite seul devant le peloton, Zaaf n'ayant pu le suivre. Fort de l'avance prise grâce à cette offensive, Coppi remporte l'étape. Zaaf, lui, termine ce Tour de France à la dernière place. Pourtant, cette année-là encore, il obtient une grande publicité autour de son nom.

Il n'en sera pas de même l'année suivante où, participant au Tour au sein d'une équipe d'Afrique du Nord, il abandonne sur la route de Sestrière, à la frontière italo-française près de Briançon, après avoir terminé dernier dans l'étape de l'Alpe-d'Huez, que le Tour empruntait pour la première fois de son histoire. Aujourd'hui encore, la légende veut que Zaaf ait été le premier coureur ivre du Tour. Il n'a jamais démenti – sans doute aimait-il trop cette publicité autour de sa personne.

1952

FAUSTO COPPI
Une supériorité insurpassable

Il n’est pas possible d’évoquer la personnalité de Fausto Coppi, qui domine le cyclisme de l’immédiat après-guerre comme Eddy Merckx domine celui de la fin du XXe siècle, sans se remémorer son chef-d’œuvre sportif lors du Tour de France 1952, et le scandale de sa vie privée, devenue pour les Italiens un grand sujet de conversation.

Angelo Fausto Coppi naît le 15 septembre 1919 en fin d’après-midi, à Castellania, une toute petite bourgade de Ligurie, sise dans un vallon, entre deux montagnes. On y pratique l’élevage et on y produit du vin – de mauvaise qualité, pour être franc. Fausto est le quatrième et avant-dernier enfant d’un couple laborieux, aux ressources modestes. Il a tout juste treize ans lorsque, comme tous les enfants de son âge, il quitte l’école pour apprendre un métier chez un charcutier de Novi Ligure, la plus grande ville du canton. Son oncle, également prénommé Fausto, lui offre sa première bicyclette, avec laquelle il signe, à l’âge de dix-neuf ans, sa première licence. À peu de temps de là, Coppi fait la connaissance de Giuseppe Cavanna, un masseur non-voyant, qui aura pour le cycliste, tout au long de sa carrière, les attentions d’un père. C’est lui qui conseille Coppi et modèle le corps du coureur. Très vite, il connaît les ressources physiques et physiologiques de son nouvel élève – insoupçonnables, car il est d'apparence chétive, mais qui feront de lui un champion.

De fait, les succès ne tardent pas à venir. Fausto brûle les étapes. Un an après sa première licence, il se mesure déjà aux professionnels. Deux ans plus tard, en 1941, il remporte son premier succès dans le Tour d'Italie, une épreuve qu'il peut disputer grâce au sursis de trente jours que lui a accordé l'armée. Dès la fin du Giro, il rejoint les forces militaires, tout près de chez lui, à Tortona. Comme on ne lui demande guère que d'être présent à l'appel du soir, il continue à courir. C'est presque sur ordre de l'armée qu'il bat, à Milan, entre deux bombardements, le record de l'heure, que détient alors le Français Maurice Archambaud avec 45,840 km. Mal préparé, sans expérience, Coppi bat ce record de 31 mètres seulement : jamais il ne tentera de l'améliorer, tant il a souffert ce jour-là.

En mars 1943, il est expédié sur le front tunisien. Dès le 13 avril, il est fait prisonnier par l'armée anglaise, et passe de longues semaines dans le désert avant d'être transféré dans un camp où, pour passer le temps, il apprend à conduire des poids lourds. Le 1er février 1945, il revient en Italie, à Caserte, avec la fonction d'ordonnance d'un colonel anglais. Il obtient l'autorisation de courir à nouveau, à la condition de ne se produire que dans le Sud de l'Italie. Enfin, en juillet 1945, il est démobilisé. C'est à ce moment qu'il se marie avec Bruna, une jeune Génoise. Mais il poursuit sa quête de succès.

Le 1er janvier 1946, il signe un contrat avec la firme Bainchi, qui l'accompagnera durant presque toute sa carrière. C'est alors que prend corps son duel avec Gino Bartali. Coppi et Bartali sont le contraire l'un de l'autre. Autant Bartali possède une foi tenace et entretient de sincères amitiés avec le Vatican et les politiciens, autant Coppi passe pour un brave garçon, aux yeux de qui la vie spirituelle ne compte pas et qui se moque bien des fastes de la République, et plus encore de ceux du Vatican. De plus, quand il revient à la compétition cycliste, Coppi a le corps brisé par la captivité, souffre de malaria et du foie, usé prématurément par les mauvais traitements subis dans le désert, alors que Bartali jouit d'une bonne santé. Pourtant, Fausto Coppi continue d'ajouter des victoires à son palmarès : champion du monde de poursuite, vainqueur des Tours d'Italie 1947 et 1949, du Tour de France 1949 et de bien d'autres épreuves encore.

C'est en 1952 qu'il réalise un Tour de France parfait. Cette année-là, Louison Bobet déclare forfait cinq jours seulement avant le départ. Les Suisses Koblet et Kubler sont également absents. Après bien des pourparlers, Coppi se résout à accepter au sein de la formation italienne un Gino Bartali déjà vieillissant. Il y a cent vingt-trois coureurs sur la ligne de départ, à Rennes. On parle beaucoup de la télévision. Pour la première fois en effet, on va filmer toutes les étapes ; chaque jour, un long extrait de l'étape de la veille sera diffusé.

À Namur, au terme du cinquième jour de course, Coppi commence à s'imposer dans le peloton. Il termine à la deuxième place, derrière le Luxembourgeois Diederich. L'arrivée est jugée dans la Citadelle, sur les hauteurs de la ville. Une simple accélération suffit à l'Italien pour mettre ses principaux rivaux loin de lui – ainsi Jean Robic, qui court pour l'équipe de France, est-il distancé de quatre minutes.

À Lausanne, la caravane sourit. Andrea Carrea devient maillot jaune. Carrea est un coéquipier de Coppi et, à l'exception de Bartali, tout le monde considère dans la formation italienne que porter le maillot jaune en lieu et place du leader désigné est assimilable à un crime de lèse-majesté. En pleurant, Carrea implore le pardon de Coppi qui, pour sa part, s'amuse de la situation. Pour se punir, Carrea nettoie tous les matins les chaussures de Fausto. L'anecdote prête à sourire mais elle indique combien, à l'époque, Coppi était considéré comme un dieu du sport, non seulement par le public, mais encore par ses propres équipiers.

Au pied de l'Alpe-d'Huez, Jean Robic attaque. Coppi déteste Robic, qui le lui rend bien. Le premier rejoint le second, qui se déhanche tant et plus sur sa machine, et le dépasse sans même lui accorder un regard avant de l'emporter dans la station iséroise, ville-étape pour la première fois de son histoire. Robic perd deux minutes, Bartali quatre. Coppi, lui, est maillot jaune.

Le lendemain, c'est la journée de repos. Comme à l'accoutumée, Coppi la passe « les jambes dans la laine » car, aime-t-il à répéter, « le Tour de France se gagne au lit ». L'Italien, en effet, reste tout le jour allongé sur son lit, les jambes enroulées dans une couverture, ne se levant que pour gagner la salle à manger ou la salle de massage. Coppi reçoit les journalistes avec qui il entretient d'excellents rapports. Il aime tout particulièrement les Français et cultive la langue de Molière en lisant quotidiennement *L'Équipe.* Il confie à la presse que sa victoire à l'Alpe-d'Huez n'était pas son vœu le plus cher, mais que jamais il n'aurait supporté que Robic puisse se vanter de l'avoir battu dans cette étape. Le désir de Coppi, c'est de gagner le lendemain, chez lui, à Sestrière. Le parcours est des plus rigoureux avec l'ascension des cols de la Croix-de-Fer, du Galibier, de Montgenèvre. À l'arrivée, Coppi, seul depuis la descente du Galibier, est de loin le premier à passer la ligne ; huit minutes avant le second, l'Espagnol Bernardo Ruiz ; onze minutes avant Bartali et douze avant Robic. Coppi est le plus fort ! Coppi est un héros ! Au classement général, il devance de vingt minutes son rival le plus menaçant, le Belge Alex Close. Dante Ronchi, observateur du cyclisme de l'époque, dira plus tard : « Ce jour-là, j'ai eu l'impression que Dieu lui avait envoyé deux anges afin qu'avec leurs ailes, ils le fassent progresser plus vite vers les sommets. » Pourtant, on est seulement à mi-parcours, il reste à franchir les Pyrénées. Jacques Goddet et Félix Lévitan, les organisateurs, décident pour relever l'attrait de l'épreuve de... doubler le prix attribué au second.

Le Tour continue. Chacun a admis la supériorité de Coppi, même Bartali, qui, dans les Alpes, lui offre spontanément sa roue et lui propose le contenu de son bidon. À Paris, Coppi devance le Belge Stan Ockers, second, de près d'une heure : le prix d'Ockers est doublé. Bartali est quatrième, à plus d'une heure du vainqueur. À onze secondes près, Robic voit ainsi la quatrième place lui échapper.

Mais parallèlement à ce succès, Fausto Coppi a l'esprit occupé par autre chose. Il est amoureux. Deux ans plus tôt, il a fait la connaissance de Giulia Occhini, une Napolitaine mariée à un médecin et mère de deux jeunes enfants... C'est le docteur Occhini lui-même, passionné de cyclisme, qui les a présentés l'un à l'autre. Comme toute l'Italie, elle désirait voir celui que le pays considérait comme un héros. Une relation purement amicale s'est nouée. Puis, avec la complicité d'amis sûrs, parmi lesquels Andrea Carrea, Fausto et Giulia se sont écrit. Au fil des jours, de leur correspondance naît une véritable passion. Le 21 juillet 1953, Fausto donne rendez-vous à Giulia au poste frontière franco-italien de Clavières. Ils passent leur première nuit ensemble dans le seul hôtel du village. Le lendemain, ils se rendent au col d'Izoard tout proche pour voir passer le Tour de France. Louison Bobet est seul en tête de la course. En apercevant Coppi, Bobet lui lance : « Merci d'être venu ! » Les photographes s'en donnent à cœur joie. On se demande, bien sûr, qui est cette jeune et jolie personne qui accompagne le champion italien. On l'apprend quelques semaines plus tard, à Lugano, à l'arrivée du championnat du monde. Coppi, une nouvelle fois, écrase ses concurrents. Sur le podium, on fait monter à ses côtés, un peu contre son gré, Giulia. Les photos font le tour du monde. Le scandale éclate, d'abord dans le ménage de chacun des deux amants, puis dans l'opinion publique.

L'Italie des années 1950 est puritaine. L'adultère y est sévèrement puni. Mais Fausto et Giulia n'en ont cure : ils décident de vivre ensemble. La population ne met pas bien longtemps pour brûler ce qu'il y peu, elle adorait. Désormais, Coppi est sifflé à chacune de ses apparitions publiques. Le pape Pie XII demande au couple de renoncer l'un à l'autre, de cesser de transgresser la morale catholique. On va même jusqu'à emprisonner Giulia durant quatre jours, juste avant son départ pour l'Argentine, où elle accouche d'un petit Faustino. À son retour, le couple s'installe à Cannes, en attendant que les clameurs s'apaisent. Par amour pour Giulia, par amour pour Faustino, Coppi prolonge sa carrière beaucoup trop longtemps. On le réclame partout. Il ne refuse rien, court là où on le réclame. Il ne gagne plus que des courses sans importance. Il n'est plus qu'un champion vieillissant dont le corps supporte avec difficulté les contraintes que son propriétaire lui fait subir.

En décembre 1959, il accepte un voyage organisé à l'initiative de Raphaël Geminiani, qui le conduit pour quelques jours en Haute-Volta. Il s'agit de disputer un critérium et de participer à quelques parties de chasse. Outre Coppi et Geminiani, Jacques Anquetil, Henry Anglade, Roger Hassenforder et Roger Rivière sont du voyage. Le 15 décembre, à l'arrivée du Critérium de Ouagadougou, Coppi termine deuxième derrière Anquetil. C'est sa dernière course. Peu après son retour en Italie, le 26 décembre, il s'alite. Au même moment, Raphaël Geminiani est lui aussi tombé malade. Les spécialistes des maladies tropicales de l'Institut Pasteur, consultés sur ces deux cas, détectent la présence d'une bactérie mortelle, le *Plasmodium Falciparum.* Immédiatement, ils prescrivent un traitement adéquat, qui sauve Geminiani, et envoient leurs conclusions aux médecins qui soignent Coppi ; mais ceux-ci n'en tiennent pas compte. Fausto Coppi meurt le 2 janvier au matin. Auparavant, il consent à recevoir l'extrême-onction devant l'insistance de Giulia, qui promet de le laisser vivre auprès de sa femme s'il survit.

Coppi succombe peut-être parce que son corps meurtri, usé, n'en pouvait plus ; mais il s'éteint aussi parce qu'il n'a pas reçu les soins appropriés. Jusque dans la tombe, le scandale le poursuit... Fausto Coppi est resté, dans l'imagerie populaire, un héros symbolique. Tous les ans, dans le Tour d'Italie, on rappelle ses exploits. Il est vrai qu'il n'est pas seulement un coureur exceptionnel, au palmarès impressionnant : il est aussi l'un de ceux qui ont le plus fait avancer le cyclisme. Il a été parmi les premiers à appliquer les principes de la diététique, peut-être à cause de son foie, martyrisé lors de sa captivité dans le désert. Il a participé à la modernisation de l'équipement cycliste et a associé ses équipiers à ses succès. L'expression « courir à la Coppi » est toujours d'actualité. Elle montre que le cyclisme est d'abord individuel, mais n'existe pas sans la collectivité. Fausto Coppi, le premier, a su appliquer ce principe.

1952

JACQUES GEUS
Sourd et 27e du Tour

À la fin du XIXe siècle, alors qu'en France, le sport commence à s'organiser, les malentendants se mettent peu à peu à créer eux aussi leurs propres associations. C'est ainsi que, dans les années 1880, ont lieu au vélodrome de Buffalo des épreuves cyclistes réservées aux sourds – le starter Georges Larose est lui-même sourd. Des courses sur route sont également organisées dans le même temps en Champagne, à l'initiative des frères Mercier, fils du célèbre producteur de champagne. Henri Mercier remporte l'une d'elles, en 1891 : c'est Épernay-Mèzières-sur-Oise, d'une longueur de cent kilomètres. Il est sourd, tout comme son frère Émile qui devient, un peu plus tard, président de l'Association des sourds de Reims. À Paris, le premier club cycliste des sourds-muets naît en 1899. Son siège se situe boulevard Saint-Michel, au café de la Jeunesse. Il y admet des femmes, ce qui est rare à l'époque. L'une d'elles, madame Née, se distingue en remportant des épreuves féminines auxquelles participent des coureurs non handicapés. Ce club offre en outre l'avantage de dispenser gratuitement l'enseignement de la langue des signes.

Le 14 juillet 1918, à Lyon, au vélodrome de la Tête-d'Or, ont lieu les premiers championnats de France de cyclisme sur piste réservés aux sourds. On y dispute la vitesse et la course individuelle.

En 1924, les épreuves de cyclisme des Jeux internationaux silencieux ont lieu sur la piste municipale du bois de Vincennes. Le plus bel exemple d'un malentendant ayant réussi dans le cyclisme professionnel est sans conteste celui du Belge Jacques Geus. Fils d'un marchand de cycles de la banlieue de Bruxelles, il devient sourd à treize ans, après avoir contracté le typhus. Cinq ans plus tard, il est champion de Belgique des amateurs et passe professionnel en 1941. Il a vingt et un ans. L'image qu'il a laissée de lui est celle d'un être d'une grande gentillesse, doté d'un sens aigu du sport. Ainsi, dans la Flèche wallonne de 1942, alors qu'il est échappé avec Karel Thys et Frans Bonduel, il réalise tout à coup que ces deux derniers se trompent de route. Il les remet dans le droit chemin et, au sprint final... termine à la troisième place. En 1946, il dispute Paris-Limoges, qu'il gagne. Sur la ligne d'arrivée, il engloutit un poulet et six œufs durs avant de vider une bouteille de vin.

En 1952, la fédération belge refuse de le sélectionner pour le Tour de France en raison de son handicap. Le maire de Bruxelles intervient et l'impose au sein de l'équipe B. Il termine vingt-septième sur cinquante-cinq arrivants, à un peu plus de deux heures du vainqueur, l'Italien Fausto Coppi. Les observateurs ont pu noter sa remarquable capacité à monter et descendre les cols des Alpes. Il termine en particulier douzième à Briançon, douzième à Aoste et douzième à Lausanne. Sa gentillesse frappe Fausto Coppi, qui lui donne une pompe neuve après la perte de la sienne. Sa carrière achevée, Jacques Geus a tenu un café avec sa femme. Il est mort en 1991, à soixante et onze ans.

1953

LOUISON BOBET

Au-delà de la souffrance

Si Louison Bobet et son frère Jean n'étaient pas devenus des champions exemplaires, le plus déçu sans aucun doute, aurait été leur père, Louis Bobet. Boulanger breton établi à Saint-Meen-le-Grand, non loin de Rennes, Louis Bobet est un sportif dans l'âme. Bon athlète, bon joueur de football, il devient, une fois les pointes et les crampons rangés aux vestiaires, un bon aviateur et il est même nommé président du comité de Bretagne de tennis de table. Debout bien avant l'heure des pinsons, sur les routes dès le soleil levé pour livrer sa production, il trouvait encore le temps de lire chaque jour le journal *L'Auto* et de s'adonner à sa passion du sport et plus particulièrement du cyclisme. Dans le foyer des Bobet, comme partout en Bretagne, on a un petit vélo dans le cœur.

Louison Bobet, en 1925, reçoit son premier vélo à vingt-sept mois. La machine est dépourvue de stabilisateurs, ce qui fait dire à son père : « Mon fils a su pédaler avant de savoir courir. » Lorsque Louison atteint ses douze ans, Louis lui fait le plus beau des cadeaux imaginables pour un adolescent de l'époque : un vélo. Mais attention, pas n'importe quel vélo !

Un vrai vélo de course. L'année suivante, bien qu'il n'ait pas de licence, il participe à l'éliminatoire régionale du championnat de France des cadets, le Premier Pas Dunlop, face à des garçons de seize ans au moins. Bobet termine dix-septième. En 1942, il remporte son premier succès à Montauban-de-Bretagne. L'année suivante, il est sixième de la finale nationale du Premier Pas Dunlop, dont le vainqueur est Raphaël Geminiani, qui deviendra l'un de ses meilleurs amis du peloton professionnel.

Au même moment, à Saint-Meen-le-Grand, la Résistance s'organise. Louis Bobet fait partie d'un réseau. Son fils aîné l'accompagne parfois dans ses missions. Ainsi, c'est au volant d'une ambulance volée à l'occupant que Louison conduit à l'hôpital un officier, gravement blessé par les Allemands. Heureusement, personne, aux barrages de contrôle, ne pense à vérifier l'intérieur de l'ambulance. Sous le brancard, il y a des armes parachutées la nuit précédente...

Lorsque la guerre s'achève, Louison Bobet a vingt ans. C'est le moment pour lui de choisir un métier. Ce sera coureur cycliste. C'est à cette époque qu'il rencontre Raymond Le Bert, un masseur de Saint-Brieuc, qui l'accompagnera tout au long de sa carrière, soignera ses multiples crises de furonculose et lui apprendra la diététique. Champion de France des amateurs, Bobet signe son premier contrat professionnel chez Stella et, dès 1947, est sélectionné pour entrer dans la formation française du Tour, en tant qu'équipier de René Vietto, l'idole de son adolescence. Mais sur la route de Digne, victime d'une chute, Louison Bobet quitte le Tour.

L'année suivante, il est à nouveau au départ du Tour, toujours au sein de l'équipe de France, aux côtés de Jean Robic, précédent vainqueur. Robic, le roi des déclarations intempestives, déteste Bobet. Pour lui, il n'y a pas de place pour deux Bretons dans l'équipe de France. Mais Bobet prend rapidement le dessus. Maillot jaune à Nantes, la ville de son constructeur, puis de Biarritz à Briançon, vainqueur d'étape à

Biarritz et à Cannes, il termine le Tour à la quatrième place, alors que son rival doit se contenter de la seizième.

La popularité de Louison Bobet grandit. À travers les journaux et la radio, il sait faire partager au public ses souffrances, ses états d'âme, ses projets et il possède un sens aigu de l'analyse. On apprécie en lui son charisme et la réelle passion qu'il voue à son métier. Il ne refuse jamais rien aux journalistes, qui savent lui retourner ses amabilités. Ses propos sont toujours d'une grande élégance, le mot toujours choisi. Cependant, Louison Bobet doit composer avec sa santé : son corps, mis à rude épreuve par les courses, refuse d'être martyrisé plus que de raison et Bobet doit lutter contre les furoncles et les indurations à la selle qui lui seront durant toute sa carrière d'une gêne considérable. Avec l'aide de Raymond Le Bert, il essaie tous les remèdes pour apaiser ses maux : médicaments, onguents, pommades, cuissard doublé d'une épaisse couche de mousse, et même... une escalope de veau au fond du cuissard. Rien n'y fait. Mais il continue. Bobet, c'est Père Courage !

En 1953, après avoir longtemps hésité, Louison Bobet accepte l'invitation pressante de Marcel Bidot, directeur sportif de l'équipe de France, à participer une fois encore au Tour. C'est la sixième fois qu'il prend le départ. Dans le récent Tour d'Italie, il s'est beaucoup fatigué au point d'abandonner le dernier jour. L'équipe de France est hétérogène, il y a trop d'individualités. Jean Robic, toujours là, est ulcéré de n'avoir pas été sélectionné pour l'équipe de France. Il n'est que leader de l'équipe de l'Ouest, et ne décolère pas envers la formation nationale et Marcel Bidot. Malgré sa victoire d'étape à Lille, le troisième jour de course, Louison Bobet n'est toujours pas considéré comme un vainqueur possible par ses équipiers. La zizanie est totale au sein de la formation nationale. À Bordeaux, au terme d'une longue étape (345 km, depuis Nantes), Bernard Gauthier et Raoul Rémy, qui appartiennent à la formation nationale, arrivent les derniers, vingt minutes après le peloton. Par ce geste, ils entendent manifester leur dépit de ne jouer que le rôle de simples équipiers, eux qui, disent-ils, méritent bien mieux.

Marcel Bidot est inquiet. Il a du mal à tenir ses troupes et Louison Bobet souffre à nouveau de son induration. Au Mans, le médecin personnel de Bobet, le docteur Maros, est venu examiner son patient. À Pau, le mal ayant empiré, il doit intervenir et faire subir au coureur une séance de rayons. À Luchon, c'est Jean Robic qui gagne l'étape et devient maillot jaune. Louison Bobet est vert de rage. Le lendemain, à Albi, c'est un autre membre de l'équipe de l'Ouest, François Mahé, qui enfile le maillot jaune. Le soir, comme d'habitude, toute la caravane écoute la radio nationale. L'invité de Georges Briquet est Jean Robic. Avec l'esprit vindicatif qui le caractérise, celui-ci se lance dans une violente attaque contre l'équipe de France, en particulier contre son directeur sportif. Il les brocarde tous, raille, se gausse et persifle. Marcel Bidot, attristé, essuie quelques larmes et rejoint son équipe pour le dîner. Geminiani demande la parole : « Tête de Cuir[1] vient de nous insulter, de se moquer de nous. Surtout n'alimentons pas la polémique mais demain, sur la route, faisons la lessive, repoussons-le le plus loin possible au classement général. » Jean Robic étant peu aimé, tout le monde acquiesce. S'il n'y a pas d'entente entre les coureurs de l'équipe nationale, il y a du moins unanimité contre Robic. Le matin suivant, au petit-déjeuner, Marcel Bidot expose son plan de bataille : un léger échauffement préalable et, au signal de départ, tout le monde sur le pont ! À peine le coup de sifflet a-t-il retenti que les tricolores accélèrent l'allure. Parmi les observateurs, beaucoup sont surpris. À l'arrivée à Béziers, Lauredi, Geminiani, Bobet et Rolland prennent les quatre premières places. Bartali suit à douze minutes, Mahé, précédent maillot jaune, à vingt, et Robic à trente-huit. Dépité, il quittera le Tour le lendemain. Sur la piste encendrée du stade Sauclières de Bézirs, les

1. Surnom donné à Jean Robic en raison d'un étrange casque de sa fabrication qu'il portait à la suite d'une fracture du crâne.

Tricolores s'emmêlent les pédales. Ils ne favorisent pas la victoire d'étape de Louison Bobet, or une minute de bonification est accordée à chaque vainqueur d'étape et Bobet aurait eu bien besoin de cette bonification, car il n'est que troisième au classement général, à plus de trois minutes du nouveau maillot jaune, Jean Mallejac. Bobet pense que Geminiani est à l'origine de cette bévue. Dès sa descente de machine, fou de rage, il s'en prend violemment à son coéquipier.

Le soir, personne ne souffle mot. Les visages sont tendus. Essayant de détendre l'atmosphère, Marcel Bidot offre le champagne : Bobet s'humecte les lèvres et regagne sa chambre au plus vite, imité par tous les coureurs. Patiemment, Bidot tente, auprès de chacun, de recoller les morceaux. En vain ! Le lendemain matin, il rend à nouveau visite à Louison Bobet, puis à Raphaël Geminiani. Il les conjure de se réconcilier. Dans le couloir qui conduit à la salle du petit-déjeuner, les deux coureurs se rencontrent. Ils tombent dans les bras l'un de l'autre en éclatant de rire. Bidot a gagné. Au petit-déjeuner, le directeur sportif pose une question, une seule : « Qui, parmi vous, s'estime capable de gagner le Tour ? » « Moi », répond Louison Bobet. Puis c'est le silence. Bidot scrute son monde. Personne ne veut prendre la parole. « Alors, à partir de maintenant vous allez tous courir pour Louison ! » Bobet les remercie. Il ajoute qu'en cas de victoire, il abandonnera l'ensemble de ses prix et primes à son équipe, comme le faisaient jadis Bartali et Coppi.

Le Tour file sur Marseille et Monaco avant d'observer une journée de repos à Gap. Comme Coppi, Bobet ne quitte pas la chambre de la journée. Il se repose. Le lendemain, c'est Gap-Briançon par les cols de Vars et d'Izoard, une étape mythique du Tour. L'équipe de France lance l'offensive. Deledda, l'un des siens, passe en tête au sommet de Vars. Dans la vallée du Guil, Bobet le rejoint. Deledda conduit avec force et vigueur Bobet au pied de l'Izoard, et le laisse seul face à son destin. Sous un soleil de feu, Bobet réalise l'un des exploits de sa carrière. Derrière, loin derrière lui, les soixante-seize autres concurrents encore en course, fourbus, écrasés par la canicule, gravissent la pente avec lenteur. Louison Bobet, lui, grimpe avec application, attentif à éviter les nids-de-poule pour ne pas crever. Debout dans sa Jeep, Bidot, entouré d'une nuée de photographes, ne le quitte pas des yeux. À la sortie de la Casse Déserte, là où la montagne semble rejoindre la terre avec ses rochers aux pointes acérées, laminés, sculptés par le vent, entourés de caillasse blanchâtre, se tient Fausto Coppi, sur le bord de la route. Bobet le voit et lui sourit : « Merci d'être venu Fausto ! » Dans la descente, Bobet crève. Aussitôt, Bidot est là pour le changement de roue. À l'arrivée, le Hollandais Nolten, deuxième, est à cinq minutes. Mallejac est à onze minutes.

En une seule étape, Bobet a fait tourner l'épreuve à son avantage. Il termine le Tour en gagnant l'étape contre la montre. Après cinq tentatives malheureuses, c'est la première fois qu'il remporte le Tour. Sa popularité ne cesse de grandir. Il est le sportif le plus célèbre de France. Louison Bobet gagnera le Tour à deux autres reprises, en 1954 et 1955. Lorsqu'il prend le départ de ces deux épreuves, il est unanimement reconnu comme le leader, sentiment renforcé par sa victoire dans le Championnat du monde tout de suite après son deuxième succès. Mais très vite, Louison Bobet est assailli par d'innombrables ennuis de santé. Mal remis d'une longue et douloureuse opération, il renonce au Tour de 1956, puis à celui de 1957, ayant trop souffert, peu avant dans le Giro.

L'année suivante, il revient sur le Tour de France, toujours dans l'équipe nationale. Il y retrouve Jacques Anquetil, vainqueur en 1957. Anquetil abandonne et Bobet termine à la huitième place. L'année suivante, Louison Bobet a trente-quatre ans. Une fois de plus, il est dans l'équipe de France, avec Geminiani, Anquetil et Roger Rivière. Jean Robic, âgé de trente-huit ans, est inscrit dans la formation Paris-Nord-Est. Bobet est souffrant, il perd du temps en Auvergne et abandonne dans les Alpes, au sommet du col de l'Iseran

(2 770 mètres), le plus haut du Tour. Seule la maladie le contraint à renoncer, semble-t-il vouloir dire par ce geste. Dans la voiture qui le reconduit dans la vallée, il demande au journaliste Roger Flambart qui l'accompagne de lui prêter une casquette pour se cacher le visage : il ne veut pas que les spectateurs le voient ainsi diminué.

Sa carrière terminée, Louison Bobet devient un important homme d'affaires. Il introduit notamment en France la thalassothérapie, alors inconnue. Au lendemain de son cinquante huitième anniversaire, il s'éteint, s'inclinant définitivement devant la longue et cruelle maladie qui lui procure d'intolérables douleurs. Malgré la souffrance, Louison Bobet a toujours donné de lui une image rayonnante, celle d'un homme heureux, souriant à la vie. C'est cette image qu'il veut qu'on garde de lui. Il reste l'un des hommes du sport les plus exemplaires de sa génération.

1964

ANQUETIL-POULIDOR
Le mythique Tour 1964

Lorsque, le 22 juin 1964, le départ du Tour est donné à Rennes, les observateurs n'ont d'yeux que pour Jacques Anquetil et Raymond Poulidor. Le visage émacié, les joues creuses, Jacques Anquetil a gagné, il y a un mois à peine, un très difficile Tour d'Italie. Bien qu'entouré d'une bonne équipe, il a épuisé ses réserves pour l'emporter sur une véritable coalition italienne dans les Dolomites. Raymond Poulidor, pour sa part, vient de s'adjuger le Tour d'Espagne.

Alors que le docteur Macorig, médecin de la fédération nationale, procède, avant le départ du Tour, à la première visite médicale des coureurs, Anquetil prévient : « Je ne prendrai pas d'initiatives pendant la première partie de l'épreuve. » Le fougueux Raphaël Geminiani, son directeur sportif, son maître-tacticien, confirme aussitôt ces propos. Placide, Poulidor répond par un laconique : « On verra bien. » « Cette année, c'est le Tour de Raymond », ajoute Antonin Magne, directeur du journal *Le Limousin*, qui suit Poulidor depuis ses débuts professionnels. Pour une fois, Magne, habituellement taciturne, sort de sa réserve. La course s'annonce splendide.

Dans les estaminets et autres cafés du commerce, les conversations vont bon train. La France est partagée en deux. D'un côté, les « Anquetilistes », de l'autre, les « Poulidoristes ». Les uns et les autres font parvenir aux champions message sur message... pas toujours d'encouragement. La palme revient sans doute à un pseudo-mage du nom de Belline qui, dans une chronique de *France-Soir*, assure qu'Anquetil sera victime d'un grave accident, sans doute mortel, au cours du treizième jour de course.

Dès la première étape, le ton est donné. Aux abords de l'arrivée à Lisieux, le champion de Belgique, Rik Van Looy, tombe lourdement, entraînant Raymond Poulidor qui perd vingt secondes. Mais ce dernier en reprend quatorze lors de l'étape contre la montre de Forest, en Belgique. À Thonon-les-Bains, Poulidor surprend Anquetil et le devance sur la ligne de trente-quatre secondes. Il récidive le lendemain dans le Galibier avec un avantage de quarante-sept secondes, dont trente de bonification. Poulidor est troisième du classement général. Anquetil est un peu plus loin. Tout se joue à la seconde près entre les deux concurrents, dont l'affrontement a commencé avant même le départ. Le Tour de France est sur de bons rails.

Après avoir passé les cols de Vars et du Restefond, qu'il a abordés par leurs versants les plus pentus, Raymond Poulidor franchit le premier la ligne d'arrivée à Monaco. Il lève déjà les bras en signe de victoire, quand Jacques Anquetil le dépasse, aussi rapide qu'une fusée. Raymond Poulidor est médusé, mais comprend vite son erreur. Pour remporter l'étape, les coureurs doivent parcourir la distance séparant l'entrée du stade Louis-II de la ligne, puis faire un tour complet du stade. Poulidor l'a oublié ! Anquetil gagne la manche et s'octroie au passage la minute de bonification.

Le lendemain, c'est Anquetil qui, à nouveau, s'adjuge l'étape contre la montre de Toulon. Il est alors deuxième du classement général, avec trente et une secondes d'avance sur Poulidor, qui le talonne au troisième rang. Rien n'est gagné pour Anquetil. Rien n'est perdu pour Poulidor. Les Pyrénées se profilent à l'horizon.

Avant d'attaquer les cimes, les coureurs ont une journée de repos dans la principauté d'Andorre. Très calme, Raymond Poulidor s'entraîne un peu le matin, déjeune, fait une sieste et, avant le dîner, se change les idées en jouant aux cartes. Jacques Anquetil, lui, est intenable. Il ne desserre pas les dents, refuse toute conversation, ne veut pas quitter sa chambre d'hôtel. La « prédiction » du faux mage lui accapare l'esprit. Le treizième jour de course, c'est le lendemain, c'est l'étape Andorre-Toulouse. Jacques Anquetil est très attentif au surnaturel et accorde un certain crédit aux sciences occultes. Chaque matin, il lit son horoscope et les cours de la Bourse, puis referme le journal. Son humeur du jour dépend de sa lecture. Appelée à la hâte par Raphaël Geminiani, Jeanine Anquetil, sa femme, tente de le raisonner. Rien à faire ! Jusqu'au moment où, pour prendre l'air, Jacques accepte d'accompagner Jeanine au méchoui organisé pour les suiveurs par Radio Andorre. Devant les photographes, Anquetil, tout sourire, fait mine de croquer à belles dents une gigantesque pièce de bœuf et de boire une sangria bien fraîche. On glousse dans la caravane lorsque commence à courir le bruit qu'Anquetil, une fois de plus, a dérogé aux règles de la diététique cycliste. En fait, la rumeur, qui a fait long feu, est infondée.

Le lendemain, au départ, Jacques Anquetil est d'une humeur massacrante. Il n'a pas fermé l'œil, imaginant toute la nuit les scénarios les plus dramatiques : chute dans une descente de col, heurt par une voiture suiveuse, freins qui ne répondent plus, machine brisée en mille morceaux, etc. Il fait frais. Le sommet des montagnes environnantes est noyé dans la brume. Anquetil garde les yeux baissés. Il ne veut pas penser à cette maudite « prédiction ». Il ne veut pas voir, dès maintenant, le lieu de ses futures souffrances.

Dès le départ, il faut escalader le col d'Envalira, dont le sommet culmine à 2 407 mètres. Les coureurs ont à peine attaqué les premiers lacets que l'Espagnol Frederico Bahamontes, le meilleur grimpeur du Tour, ouvre la route, flanqué d'un Poulidor plus fringant que jamais. À l'arrière du peloton qui s'émiette au fur et à mesure que la course prend de la hauteur, Jacques Anquetil peine. Lui, le coureur racé, au style fluide, lui qui fait trembler les meilleurs, se bat, seul, contre la pente et contre lui-même. Arc-bouté sur sa machine, il progresse avec difficulté. Son corps va inlassablement de droite à gauche, de gauche à droite, au rythme des coups de pédale. Le regard est tendu, fixé au sol, à deux ou trois mètres devant lui. Anquetil, tout à ses souffrances, n'entend rien. Ni les applaudissements de la foule, ni les exhortations de son directeur sportif, ni les bonnes paroles de Louis Rostollan, son équipier, resté à ses côtés pour l'encourager.

Au sommet du col, que Bahamontes et Poulidor ont passé depuis plus de quatre minutes, Anquetil desserre ses cale-pieds. Il veut abandonner, rentrer chez lui au plus vite, tout oublier. Rostollan voit le geste qui annonce l'abandon. « Jacques, hurle-t-il, si tu t'arrêtes, plus jamais tu ne seras Jacques Anquetil. Tu ne seras pour toujours qu'un coureur comme les autres. » Geminiani, accouru à la hâte, tend à Anquetil un gobelet de carton rempli de champagne, la boisson favorite du Normand. Anquetil boit le précieux breuvage presque religieusement, goûtant chaque gorgée avec délice. Il rend à Geminiani le gobelet à moitié vide et murmure : « C'est fini. Maintenant, j'y vais. » Il resserre ses cale-pieds, ajuste son maillot et se lance dans la descente.

Le brouillard est toujours là. Il enveloppe la montagne et limite la visibilité à une petite dizaine de mètres. Anquetil va s'en servir. Les voitures suiveuses ont dû allumer leurs phares. Le coureur se guide grâce à leurs feux arrière. Il descend de plus en plus vite. Oublié le faux mage ! Oubliées les souffrances ! Oubliée l'envie de rentrer chez lui à Rouen ! Une seule chose compte désormais : rejoindre Poulidor au plus vite. Anquetil file à la vitesse de l'éclair, prend des risques. Il rejoint et dépasse ceux qui l'ont devancé dans la montée de l'Envalira. Certains cherchent à le suivre, mais renoncent rapidement devant les dangers encourus. Filant comme l'éclair, Anquetil laisse les observateurs pantois. Antoine Blondin titrera le soir même dans *L'Équipe* : « Jacques Anquetil remonte dans la descente. » Dans la vallée, sous un soleil enfin revenu, Anquetil trouve des alliés de circonstance : Anglade, Monty, Foucher et Janssen, qui encadrent leur équipier Georges Groussard, porteur du maillot jaune. Leur but est simple, il est le même que celui d'Anquetil. Il faut rejoindre Poulidor au plus vite.

À soixante-quinze kilomètres de l'arrivée, à Tarascon-sur-Ariège, un groupe de vingt coureurs forme la tête de la course. Parmi eux, Jacques Anquetil. Il vient de rattraper l'échappée matinale de Poulidor.

À vingt-cinq kilomètres de l'arrivée, nouveau coup de théâtre ! Poulidor casse deux rayons de sa roue arrière. Il faut la changer. Le mécanicien Billard se précipite, s'exécute et, dès qu'il a fini, pousse Poulidor pour l'aider à repartir, sans se rendre compte que le coureur ajuste au même moment ses cale-pieds : la chute est inévitable. Poulidor se relève, mais c'est maintenant la chaîne qui est sortie de son axe. Billard remet le tout en place. Poulidor, enfin prêt à repartir, regarde devant lui. Le groupe de tête a disparu. À l'arrivée, à Toulouse, le coureur accuse un retard de deux minutes trente-six secondes sur Anquetil, qui devient deuxième du classement général, derrière Georges Groussard, toujours maillot jaune. Ainsi se termine une folle journée. Plus tard, évoquant sa périlleuse descente d'Envalira, Anquetil ajoute : « C'était la vie ou la mort. Je n'avais d'autre alternative ! »

Le lendemain, c'est l'étape Toulouse-Luchon, qui s'achève avec le col du Portillon. Dès les premières montées, Poulidor porte une violente offensive. Personne ne peut le suivre. À Luchon, il remporte l'étape. Anquetil termine une minute quarante-trois secondes derrière lui. Groussard est toujours maillot jaune, Anquetil toujours deuxième. Poulidor arrache le troisième rang au classement général, à neuf secondes seulement de son rival. Le suspense augmente, d'autant que la dernière étape des Pyrénées, Luchon-Pau, emprunte par les cols de Peyresourde, d'Aspin, du Tourmalet et d'Aubisque. Ce jour-là, Poulidor se « repose » et laisse Anquetil défendre son maillot jaune face à Bahamontes qui, lui, gagne l'étape et devient deuxième du classement général.

Les difficultés s'enchaînent. Voici maintenant l'étape Peyrehorade-Bayonne : quarante-trois kilomètres contre la montre ! C'est l'exercice de prédilection de Jacques Anquetil. Jusqu'à la mi-parcours, à sept secondes près, Poulidor fait jeu égal avec Anquetil : tout le monde applaudit l'exploit. La victoire d'étape est indécise. Anquetil ne peut se permettre une défaite, surtout face à Poulidor. Une fois de plus, le sort s'acharne sur le Limousin : sa roue arrière crève. Aussitôt, Billard saute de la voiture de Magne, le vélo de rechange sur l'épaule. Mais il tombe... sur le vélo de rechange. Le guidon est tordu. Le mécano et le coureur se bousculent l'un l'autre pour le redresser. Énervé, Poulidor tarde à trouver ses cale-pieds. L'incident lui coûte au moins trente secondes. Jacques Anquetil gagne l'étape. Il est maillot jaune et devance Poulidor, deuxième, de cinquante-six secondes. « C'est un gros pépin. Pire, une catastrophe ! », commente le Limousin. Mais le Tour n'est pas fini. Il faut encore escalader le Puy-de-Dôme.

Le Puy-de-Dôme est un ancien volcan éteint qui domine Clermont-Ferrand du haut de ses 1 415 mètres. Il offre aux coureurs onze kilomètres d'ascension avec, dans les cinq derniers, une pente à 13 %. Poulidor ne connaît pas cette ascension. Anquetil l'a empruntée une fois dans le Tour, en 1969. Il ne s'y est pas particulièrement illustré. C'est le dimanche 12 juillet. Il fait un temps splendide. Soixante-quinze mille spectateurs ont envahi les pentes. Certains sont même là depuis la veille.

Au pied du col, à Royat, les Espagnols Julio Jiménez et Frederico Bahamontes ouvrent la route, mais au classement général, ils ne représentent plus une menace pour les deux Français. Poulidor et Anquetil sont en tête du peloton et bientôt seuls. Commence alors entre les deux hommes le duel le plus phénoménal de toute l'histoire du Tour. Ils grimpent, côte à côte, Poulidor côté ravin, Anquetil côté roche. Aucun ne laisse l'autre prendre l'avantage, ne serait-ce que d'un quart de roue. Au milieu d'une foule enthousiaste, d'un essaim d'observateurs, ils grimpent toujours, parfois épaule contre épaule.

Geminiani a laissé le volant de sa voiture à son mécanicien. Debout dans son auto, il se ronge les ongles d'inquiétude. Antonin Magne, plus calme, revêtu de sa sempiternelle blouse blanche, conduit lui-même. De temps à autre, il klaxonne pour encourager son coureur. Et les deux hommes de poursuivre vers le sommet, côte à côte, sans se jeter un regard, sans échanger une parole. C'est le duel. Le vrai. Malgré le brouhaha des vociférations qui les entourent, ils s'entendent respirer. Un souffle court et rauque, qui indique qu'ils sont au paroxysme de leur effort. Toutes les stations de radio retransmettent l'événement en direct. Les journalistes s'égosillent, exultent. Chacun y va de sa description.

La joute continue. Pourtant, à un kilomètre seulement de l'arrivée, Anquetil faiblit. Poulidor saisit sa chance. Il se met en danseuse et accélère autant qu'il le peut. Ses jambes sont de feu. Peu importe ! Anquetil ne peut suivre. Poulidor file seul vers l'arrivée.

Au sommet, les chronomètres s'agitent. On fait et on refait les comptes. Jacques Anquetil reste maillot jaune, mais Raymond Poulidor est deuxième à quatorze secondes seulement. Anquetil se réfugie dans une voiture pour récupérer et souffle à Geminiani : « Ce Poulidor, tout de même, il en a dans le ventre ! »

En redescendant vers son hôtel clermontois avec Poulidor, Magne est pensif. Bien sûr, il a félicité chaleureusement son coureur à l'arrivée, mais maintenant ses pensées sont ailleurs. Finalement, il demande :

« Dites-moi, Raymond, êtes-vous sûr d'avoir fait monter sur votre machine le braquet adéquat ?

– Je crois qu'une dent inférieure m'aurait rendu de grands services dans le dernier kilomètre.

– Au fait, Raymond, aviez-vous auparavant reconnu la montée comme je vous l'avais recommandé cet hiver ?

– Heu... pas tout à fait, monsieur Magne. J'y suis bien allé, mais la route était fermée, alors je suis reparti sans être monté au sommet. »

Magne révèle alors à Raymond Poulidor que l'accès au sommet, après le village de La Baraque, à la sortie de Clermont-Ferrand, est une route privée, utilisée par les services forestiers et par les techniciens de l'émetteur installé sur le col. Une barrière en empêche bien l'accès aux voitures, mais elle est facile à contourner pour un homme à vélo. Antonin Magne se doute fort que Poulidor a préféré ne pas monter cette côte supplémentaire. Lassitude ? Nonchalance ? Magne ne souffle mot et change de sujet. Par égard pour le coureur, il n'a jamais rapporté cette conversation.

Le Tour de France est presque terminé : c'est la dernière étape, Versailles-Paris. Vingt-huit kilomètres contre la montre. Le temps, en ce mardi 14 juillet, est radieux. Pas un nuage dans le ciel d'un bleu très pur. Cinq cent mille spectateurs se sont massés sur le parcours. Le Parc des Princes, point d'arrivée, est plein à craquer. Tout le Tour de France se joue là. Anquetil cherche son cinquième succès, Poulidor sa première victoire.

D'entrée, Anquetil prend l'avantage. Pas de beaucoup : une dizaine de secondes seulement. À mi-parcours, au kilomètre 14, Poulidor est à douze secondes. À Chaville, au kilomètre 18, il est à neuf secondes. À Meudon, au kilomètre 21, il talonne Anquetil à trois secondes. Il va le rattraper ! Enfin ! Il touche au but.

Finalement, à l'arrivée, Poulidor concède vingt et une secondes à son rival. Lorsqu'ils entrent dans le vélodrome, la foule se lève pour leur faire une longue ovation. Les sifflets du

Tour de 1963 sont oubliés. Anquetil et Poulidor se jettent dans les bras l'un de l'autre, se parlent, pour la première fois peut-être depuis le départ du Tour, trois semaines auparavant. Le public est ivre de joie. Anquetilistes et Poulidoristes se réconcilient.

Jacques Anquetil a remporté son cinquième Tour de France. Il est le deuxième coureur de l'histoire, à la suite de Fausto Coppi, qui gagne la même année le Tour d'Italie et le Tour de France.

Quant à Raymond Poulidor, sa popularité grandit encore, au point de devenir bientôt la « poupoularité ». Le lendemain, dans *L'Équipe*, Jacques Goddet écrit : « Raymond Poulidor sort de l'épopée, lui le modeste Creusois, enveloppé dans le péplum des héros antiques. »

Après ce Tour de France de légende, Anquetil et Poulidor vont rester rivaux pendant encore cinq ans, s'adressant peu la parole. C'est sur la fin de la carrière du Normand, en 1969, que se noue entre eux une véritable amitié. Désormais directeur sportif de l'équipe de France, Anquetil sélectionne et dirige à plusieurs reprises Poulidor lors des championnats du monde. Ils se voient souvent au hasard des courses cyclistes, se reçoivent l'un chez l'autre, égrainent leurs souvenirs en riant comme des collégiens. Ils font d'interminables parties de cartes, que Poulidor gagne invariablement, à la fureur d'Anquetil.

En novembre 1987, Raymond Poulidor rend visite à Jacques Anquetil. Affaibli par le cancer qui le ronge depuis quelques années, le quintuple vainqueur est alité. Il sait que sa fin est très proche. Poulidor tente de le réconforter, de le faire rire. Il passe de longues heures auprès du malade. Au moment de prendre congé, Anquetil souffle à l'oreille du visiteur : « Tu vois, Raymond, cette fois-ci tu vas encore être deuxième ! » Raymond Poulidor n'évoque jamais cette phrase sans avoir les yeux embués de larmes...

1969

EDDY MERCKX
L'exploit de Mourenx

Lorsque, le 28 juin 1969, Eddy Merckx prend à Roubaix le départ du Tour de France, il en est le grandissime favori. Bien qu'âgé d'à peine 24 ans, il a un palmarès déjà bien fourni : deux fois champion du monde (chez les professionnels et chez les amateurs), vainqueur de Milan-San Remo à deux reprises et d'un Tour d'Italie. Dans cette épreuve, il fait chavirer les foules en remportant l'étape la plus difficile, celle des Trois Cimes du Lavaredo, dans le massif des Dolomites. Ce jour-là, malgré les bourrasques de neige, de violentes averses de grêle et de neige fondue, il devance en seulement 10 kilomètres de montée les échappés matinaux qui le devançaient de neuf minutes, et passe seul la ligne d'arrivée pour endosser son premier maillot rose de premier au classement général. Les Italiens du cyclisme, toujours prompts à louanger les champions en les comparant à leurs propres idoles, l'assimilent dès lors à Fausto Coppi.

L'année 1969 s'annonce donc sous les meilleurs auspices. Il remporte Paris-Nice, le Tour des Flandres (en effectuant seul les 70 derniers kilomètres), puis Liège-Bastogne-Liège en ouvrant la route durant les 100 derniers kilomètres avec son équipier Victor Van Schil. Il s'apprête à remporter son deuxième Tour d'Italie consécutif lorsqu'à Savone, à quelques jours de l'arrivée, c'est le coup de théâtre.

Le 2 juin, alors qu'il est sur le point de rejoindre le départ de l'étape, deux personnes entrent dans sa chambre : son manager italien Vicenzo Giacotto et le directeur de l'épreuve Vincenzo Torriani. Ils viennent annoncer que le champion belge est exclu du Giro pour dopage, et donc suspendu pour une durée d'un mois. Aussitôt, les meilleurs experts de toxicologie fourbissent leurs armes. Analyses et contre-analyses se succèdent. Le gouvernement belge est en émoi. Merckx dopé. Personne n'y croit. L'Union cycliste internationale diligente une enquête. Finalement, Merckx est blanchi. Il peut donc participer au Tour de France.

Le Belge n'est pas dans les meilleures dispositions morales. Cette affaire l'a meurtri. Il est persuadé d'être victime d'un complot. Il décide alors, et y sera très attentif jusqu'à la fin de sa carrière, de ne jamais accepter de boissons ou d'aliments de la part des spectateurs et de ne jamais laisser ses bidons sans surveillance.

Au cours de ce mois de juin, Eddy Merckx ne participe qu'à deux épreuves, mais il continue de rouler à l'entraînement derrière le derny piloté par le fidèle Guilaume Michiels.

Il se présente à Roubaix, au départ du Tour, assuré d'être en bonne condition physique, d'avoir une forte équipe autour de lui, et animé comme toujours d'une forte envie de vaincre. De plus, l'industrie du cycle a les yeux rivés sur cette édition du Tour car, contrairement aux deux années précédentes, elle est disputée par des équipes de marque.

L'Allemand Rudy Altig remporte le prologue long de 10 kilomètres devant Merckx. Le lendemain, au cours d'une demi-étape contre la montre par équipes disputée en Belgique à Woluwé-Saint-Pierre, les Faema de Merckx se montrent les meilleurs. Merckx est en jaune. Le moral est revenu. Merckx retrouve le sourire. À quelques arpents de chez lui, il est premier du classement général et peut arborer fièrement son beau maillot jaune, le premier de sa carrière. Nous sommes alors le lundi 30 juin.

La course se poursuit par la Hollande, les Ardennes françaises et la Lorraine, avant de faire étape à Mulhouse. Le lendemain, c'est l'étape du ballon d'Alsace avec arrivée au sommet. C'est la première grande difficulté du Tour. Tous les coureurs appréhendent cette étape. Merckx sans doute un peu plus que les autres, car il désire reprendre la première place du classement général, abandonnée quelques jours à son équipier Julien Stevens et au Français Désiré Letort. Merckx, de plus, ne connaît pas les cols français. Son emploi du temps, comparable à celui d'un ministre, ne lui a pas permis de sacrifier aux traditionnelles reconnaissances. Dès les premiers coups de pédale, toute appréhension disparaît. Merckx surclasse ses adversaires, remporte l'étape et s'installe confortablement en tête du classement général. Le deuxième, l'Allemand Altig, est déjà rejeté à plus de deux minutes et le Hollandais Janssen, vainqueur du Tour l'année précédente, est troisième à près de cinq minutes.

À Chamonix, au terme de la première étape de haute montagne dans le massif alpin, alors que seuls le col de la Forclaz (côté suisse) et le col des Montets ont été franchis, Merckx surclasse encore un peu plus ses rivaux. Roger Pingeon, deuxième du classement général, est à plus de cinq minutes ; et Raymond Poulidor, troisième, est à près de sept minutes. L'étape de Briançon par les cols de la Madeleine et du Galibier ne change rien au classement général. Les meilleurs ne se départagent pas dans cette étape au relief accidenté.

Sur la route des Pyrénées, Merckx s'octroie deux étapes, à Digne et à Revel, à l'issue du contre la montre. Le Normand Raymond Delisle, revêtu du maillot de champion de France, gagne le 14 juillet à Luchon, après avoir ouvert la route sur les cols de Mente et du Portillon. Le lendemain, mardi 15 juillet, c'est la dernière grande étape de montagne Luchon-Mourenx par les cols de Peyresourde, d'Aspin, du Tourmalet et d'Aubisque. Eddy Merckx devance au classement général Roger Pingeon de 8 minutes 21 et Raymond Poulidor de 9 minutes 29. Lorsque le départ est donné à Luchon aux 93 concurrents restant en course, le soleil est déjà bien haut dans le ciel. Il darde ses rayons les plus chauds sur la caravane. La canicule s'annonce.

À la sortie de Luchon se présente Peyresourde. Quelques audacieux précèdent le peloton. Les équipiers de Merckx contrôlent la situation. Comme toujours, l'immense Martin Van Den Bossche assure le train. C'est lui qui, dans l'équipe Faema, dès que la route s'élève, est chargé d'imprimer un rythme tel que l'attaque devient difficile pour les adversaires.

Pas un rival de Merckx n'est en mesure de troubler sa sérénité, aussi bien dans Peyresourde que dans Aspin ou dans le Tourmalet. D'habitude, dans le dernier kilomètre de chaque col, Merckx s'efface pour permettre à Van Den Bossche, en remerciement du travail accompli, d'empocher quelques points pour le classement du meilleur grimpeur. Mais à l'approche du sommet du Tourmalet, c'est Merckx lui-même qui accélère l'allure et devance, sous la banderole, le petit groupe auquel il appartient. Dans la caravane, tout le monde s'interroge. Quelle mouche a donc piqué le belge ? Veut-il pour son premier Tour marquer son passage au sommet du Tourmalet, un col chargé d'histoire ? La réponse est ailleurs. On l'apprend bien plus tard.

La veille, à Luchon, Martin Van Den Bossche annonce à Eddy Merckx que la saison prochaine, il ne défendra pas les couleurs de Faema, mais celles de l'italienne Molteni, l'équipe rivale. Merckx, qui n'a jamais été au courant des tractations menées par son équipier, n'apprécie pas du tout cette situation. Merckx a toujours choisi avec soin ses équipiers. Ce sont tous des coureurs de valeur, d'une fidélité à toute épreuve, prêts à se faire trancher la tête sur le billot pour leur patron. Merckx leur demande beaucoup, mais en échange, ils reçoivent beaucoup. Merckx considère donc le départ de Van Den Bossche comme une traîtrise et n'envisage plus de lui laisser des libertés, à commencer par les points du classement des grimpeurs. C'est l'unique raison pour laquelle Eddy Merckx devance, au sommet du Tourmalet, le reste du groupe d'une trentaine de secondes.

Voici Merckx dans la descente. Comme d'habitude, il descend vite et avec justesse. Tel un bolide, il traverse Barèges, Luz-Saint-Sauveur, Pierrefite-Nastalas et, toujours seul, entre à Argeles-Gazost. Il y reçoit sa musette de ravitaillement. Sans trop se presser, il s'alimente, se désaltère et place dans ses poches de maillot les aliments qui lui seront utiles lors des kilomètres à venir. Guillaume Driessens, son directeur sportif, se porte à sa hauteur et lui conseille d'attendre ceux qui le suivent. Merckx fait la sourde oreille et poursuit sa route. On lui communique les écarts avec le groupe des poursuivants. Ces écarts augmentent avec régularité. Plus question maintenant de tergiverser. Il faut poursuivre l'œuvre entreprise. Et Merckx rejoint les échappés de la matinée, avant d'entamer seul l'escalade de l'Aubisque.

Le soleil est de plomb. Les moments de répit sont rares. Juste un peu de descente après le sommet du Soulor, lorsque la route surplombe le cirque du Litor avant le sommet de l'Aubisque. Il reste encore 75 kilomètres avant d'atteindre Mourenx, terme de l'étape. Merckx est toujours seul. Les villages défilent sous ses roues. Les Eaux-Bonnes, Laruns, Bielle sont traversés à la vitesse d'une fusée. Voici enfin Arudy et sa route mieux asphaltée. Les jambes sont lourdes. Elles font mal. Seul, Merckx s'ennuie. Le soleil est toujours de plomb. La foule, renseignée par les radios, applaudit avec force l'exploit dont elle est le témoin privilégié. Merckx continue son effort avec application. Il franchit la ligne d'arrivée, exténué, mais fier de l'exploit accompli. Le deuxième de l'étape, l'Italien Dancelli, devance un groupe composé de Van Den Bossche, Bayssière, Pingeon, Theillière, Zimmermann et Poulidor de près de huit minutes. Au classement général, Eddy Merckx devance maintenant Pingeon d'un quart d'heure et Poulidor de vingt minutes.

Dans la salle de presse, les journalistes sortent la boîte aux superlatifs. Jacques Goddet écrit pour *L'Équipe* : « Que l'orgueil le guide, ce champion, c'est certain, puisque sans sa manifestation, il n'y a pas de panache. Mais ce qui déclenche chez lui la volonté de l'offensive, c'est la volonté d'honorer son sport, qui n'est qu'action, de faire son métier, c'est aussi la nécessité organique de libérer ses forces. Les contenir, les économiser serait pour ce garçon tout droit une marque de paresse, voire de lâcheté, en tout cas d'hypocrisie. »

Quelques jours plus tard, le dimanche 20 juillet, dans la tribune d'honneur du vélodrome municipal du Bois de Vincennes, Eddy Merckx reçoit son ultime maillot jaune. Des trains spéciaux ont convoyé depuis la Belgique des supporteurs enthousiastes.

Et alors que, dans la nuit parisienne, la fête du cyclisme bat son plein pour couronner celui qui va devenir Eddy 1er, roi du cyclisme, un homme, un Américain, Neil Armstrong foule pour la première fois le sol de la Lune.

1970

BERNARD THÉVENET
Le bon sens paysan

Les histoires du cyclisme sont toujours belles, sans doute parce qu'elles mettent sur le devant de la scène des gens simples, d'origine modeste souvent, mais toujours durs au mal et tenant pour vertu le travail bien fait. Bernard Thévenet n'échappe pas à cette règle. À deux reprises, il gagne le Tour de France. Mais surtout, il remporte l'une de ces deux victoires en terrassant un champion jusque-là invincible, qui triomphe sous toutes les latitudes : Eddy Merckx.

Bernard Thévenet naît le 10 janvier 1948 à Pou, minuscule village de Saône-et-Loire, en plein cœur du Charolais. Seul garçon d'une fratrie de quatre enfants, il apprend très vite à harnacher, à atteler et à conduire le cheval, avant de participer aux travaux des champs au volant du tracteur familial. Son enfance est sans histoire, partagée entre la ferme et l'école. Lorsqu'il obtient son certificat d'études, il reçoit en cadeau un vélo tout neuf, un demi-course, qu'il ne tarde pas à modifier en vélo de course. Il prend part à des simulations de course du canton, où il se révèle être le meilleur. Ces petits succès le décident à s'inscrire, en imitant la signature de son père, au Vélo Club de Charolles. À treize ans, il dispute sa première course chez les cadets, à Saint-Clément-lès-Macon : il est treizième. Peu enclin à suivre des études, il partage son temps entre l'entraînement cycliste et la ferme, ses parents ayant tout juste repris une exploitation agricole plus importante que la précédente, au lieu-dit « Le Guidon », dont ils désirent lui confier plus tard la direction. Concernant le vélo, il est intraitable. Il progresse d'ailleurs rapidement : quatrième du Premier Pas Dunlop – le championnat de France des cadets – derrière Mariano Martinez, futur meilleur grimpeur du Tour, puis vainqueur du Tour du Roussillon devant Luis Ocana, qui gagnera lui aussi le Tour, il est remarqué par Mickey Wiegant. Celui-ci est un remarquable éducateur. À la section cycliste de l'Athlétique Club de Boulogne-Billancourt (l'ACBB), il attire à lui les jeunes coureurs, les conseille, les fait progresser et leur apprend leur futur métier, avant de les faire évoluer dans les rangs professionnels. Thévenet reste deux ans à l'ACBB et, comme de nombreux autres jeunes, intègre en 1970 la formation Peugeot. C'est la filière classique réservée chaque année aux meilleurs de l'ACBB.

Pour Thévenet, le changement est radical. Il n'évolue plus dans une ambiance familiale ; il lui faut maintenant courir au sein d'une structure professionnelle, aux côtés de Roger Pingeon, déjà vainqueur du Tour de France, et de Ferdinand Bracke qui vient de battre le record de l'heure. De caractère facile, encouragé par la bonhomie du directeur sportif, Gaston Plaud, Thévenet s'adapte sans aucun mal. À peine a-t-il rejoint sa nouvelle formation, qu'il signe une victoire d'envergure avec la course de côte du mont Faron, sur les hauteurs de Toulon. Il y devance l'Italien Gimondi, vainqueur du Tour 1965, et le Belge Eddy Merckx, dernier champion du Tour 1969. Ses progrès fulgurants convainquent Gaston Plaud de le sélectionner pour l'équipe Peugeot du Tour 1970. Pourtant, sur la ligne de départ, à Limoges, Bernard Thévenet est inquiet. Il n'a aucune expérience du Tour. C'est une épreuve longue et difficile, au parcours montagneux : 4 343 kilomètres en vingt-trois jours, sans une journée de repos ! Au début, Thévenet observe une attitude prudente. Il apprend. La première étape des Alpes lui est fatale.

Il y perd vingt minutes sur les meilleurs et disparaît dans les profondeurs du classement. Dans les Pyrénées, cependant, c'est le redressement. L'arrivée de la dix-huitième étape est jugée à La Mongie, station de ski distante de quatre kilomètres du sommet du Tourmalet. C'est la seule arrivée en altitude du Tour. L'étape est courte – 136 km –, mais difficile, avec les cols de Peyresourde et d'Aspin, et l'arrivée à La Mongie. Le temps est glacial. Un épais brouillard enveloppe la montagne et gêne la visibilité. À Peyresourde et à Aspin, Thévenet se maintient parmi les meilleurs, mais il perd du temps dans la descente du col, noyée dans la brume. Au pied du Tourmalet, il a rejoint le peloton de tête. Dans la montée, un motard de presse, Victor Cosson, s'approche de lui et lui conseille d'attaquer. Cosson est un ancien coureur – il était troisième du Tour 1938 –, mais c'est aussi un ancien de l'ACBB, qui connaît bien Thévenet. Puis c'est le journaliste Robert Chapatte, qui suit le Tour pour Europe 1, qui lui prodigue le même conseil. Alors Thévenet se dresse sur les pédales, accélère et file en avant pour remporter sa première victoire d'étape. Eddy Merckx, le maillot jaune, commente ainsi ce succès : « Le Français avait été lâché dans la descente d'Aspin, mais il est revenu et nous a distancés. Pour un coureur de vingt-deux ans, c'est pas mal. Il ira loin. » Bernard Thévenet termine ce Tour à la trente-cinquième place.

L'année suivante, en 1971, il se classe quatrième du Tour, mais remporte l'étape de Grenoble. Il poursuit son apprentissage. En 1972, Bernard Thévenet est nommé capitaine de route de la formation Peugeot, le leader de l'équipe, Roger Pingeon, étant sujet à d'imprévisibles sautes d'humeur qui pouvaient compromettre l'harmonie entre les coureurs. Cette année-là, c'est une lutte au couteau entre Merckx et Guimard. Au pied des Pyrénées, Bernard Thévenet figure parmi les meilleurs au classement général. Au sommet des cols, il est dans le peloton de tête. Dans la descente du col d'Aubisque, à Arthez-d'Asson, Luis Ocana attaque trop vite un virage un peu plus prononcé que les autres. Incapable de redresser sa machine, il tombe, entraînant avec lui Bernard Thévenet et Alain Santy qui ne peuvent l'éviter. Santy se relève avec une lésion aux cervicales. Thévenet, la tête ensanglantée, perd connaissance. Une paire de claques. On le remet sur sa machine. Il repart. Un peu plus tard, Gaston Plaud vient aux nouvelles.

– Où suis-je ?

– Tu es sur le Tour, Bernard. Tu es tombé, mais ce n'est pas grave.

– Suis-je vraiment sur le Tour ?

Petit à petit, au fur et à mesure qu'il approche de l'arrivée à Pau, Bernard Thévenet reprend ses esprits : il est sur un vélo, le sien, il est bien sur le Tour. Mais n'a aucun souvenir de la chute. À Pau, on le conduit à l'hôpital où il passe la nuit avant de se présenter le lendemain sur la ligne de départ, avec l'accord du corps médical. Quelques jours plus tard, il gagne l'étape du mont Ventoux. Victoire hautement symbolique, car le géant de Provence est difficile à appréhender, l'oxygène se raréfiant au fur et à mesure que la route s'élève. C'est bien la preuve que son auteur est de la trempe des futurs vainqueurs du Tour !

Mais Bernard Thévenet devra attendre 1975 pour obtenir sa première victoire dans le Tour. Cette année-là, sur la ligne de départ de Charleroi, en Belgique, Eddy Merckx, déjà vainqueur à cinq reprises de l'épreuve – le record de l'épreuve de Jacques Anquetil est égalé – est le grand favori. On lui oppose Thévenet, brillant vainqueur du Critérium du *Dauphiné Libéré*, l'Espagnol Luis Ocana et le Hollandais Joop Zoetemelk. La course va se jouer dans les Alpes, au cours de l'étape Nice-Pra-Loup. Elle parcourt deux cent dix-huit kilomètres, par l'inédit col des Champs, le col d'Allos et la montée vers Pra-Loup. Dans le col des Champs, interminable, dont le sommet culmine à 2 191 mètres, Thévenet attaque Merckx à plusieurs reprises.

Des attaques franches, sèches. Mais dans la descente, Thévenet crève. Avec l'aide de son équipier, le Normand Raymond Delisle, il revient sur le groupe Merckx, Gimondi, Van Impe, Zoetemelk qui ouvre la route. Dans le col d'Allos, Merckx mène un train d'enfer. Ses adversaires le suivent de près, mais ils souffrent. À cinq cents mètres du sommet, Bernard Thévenet est le dernier à craquer. Il accuse quinze secondes de retard sur Merckx. Et le Belge, qui sent ses adversaires à sa main, s'enfuit dans la descente. Cette descente-là est la plus difficile du Tour. La route n'est pas plane. C'est une succession de petites dénivellations. Surchauffé par un soleil de plomb, le goudron est par endroits devenu liquide. Les virages sont bizarrement dessinés. On ne se rend compte de leur courbure qu'après les avoir abordés. Dans la cohorte des voitures suiveuses, c'est l'effroi. Sous les yeux de beaucoup, la voiture Bianchi de Gimondi fait une embardée à la sortie d'un virage, arrache la fragile barrière de sécurité, usée par le temps, et plonge dans le ravin pour s'écraser cent mètres plus bas. Deux passagers sont éjectés. Le troisième, le mécanicien, est conduit à l'hôpital en hélicoptère, victime d'une fracture du tibia.

Merckx, le premier, arrive dans la vallée. Puis Gimondi, Van Impe, Zoetemelk et enfin Thévenet, qui n'a pas voulu prendre de risques dans la descente. À cinq kilomètres de l'arrivée, Merckx donne des signes de faiblesse. Écrasé sur sa machine, il tangue. Il ouvre grand la bouche pour mieux aspirer de larges bouffées d'air. Il avance avec peine. Gimondi, surpris, le dépasse. Merckx est au milieu de la route, il pèse de tout son poids sur les pédales pour vaincre l'ascension. Thévenet, debout sur les pédales, le dépasse sur la droite sans lui jeter le moindre regard. C'est lui qui gagne l'étape. Il est maillot jaune. Eddy Merckx admet sa défaite : « Depuis dix ans, tout le monde cherche à me battre. Maintenant, c'est fait. » Thévenet, lui, jubile : « À quinze cents mètres de l'arrivée, lorsque j'ai entendu la foule hurler mon nom, j'ai su que je réalisais un exploit. »

Le peloton repart vers Serre-Chevallier par l'Izoard. Tous

les héros sont fatigués, sauf Thévenet. Lorsqu'il se dégage à Arvieux, à la moitié de la montée de l'Izoard, personne ne le suit. Seul, il ouvre la route dans la Casse Déserte. Au sommet, il est toujours seul, et plus encore à l'arrivée, après une descente pourtant prudente. Thévenet est un solide maillot jaune.

Merckx est deuxième au classement général, à plus de trois minutes derrière lui. Quelques jours plus tard, c'est l'apothéose. Pour la première fois, le Tour s'achève sur les Champs-Élysées. Bernard Thévenet est applaudi par un million de spectateurs. Dans la tribune officielle, toute sa famille est là, avec les voisins du Guidon, qui ont connu le nouveau vainqueur du Tour menant le cheval aux champs. C'est Valéry Giscard d'Estaing, président de la République, qui lui remet le maillot jaune. À l'époque, une certaine méfiance face à la publicité a fait préférer un maillot jaune sans marque de sponsor. Cependant, il est assez transparent pour permettre de voir le logo de la maison Peugeot, imprimé sur le maillot de course de Thévenet.

Deux ans plus tard, Bernard Thévenet gagne à nouveau le Tour de France, après des moments redoutables lors de l'étape de l'Alpe-d'Huez. Le Hollandais Hennie Kuiper, vainqueur à l'Alpe, n'est en effet ce jour-là qu'à huit secondes de Thévenet. Deux jours plus tard, en Bourgogne, dans son pays natal, le coureur consolide sa position de leader dans une étape contre la montre.

À la fin de sa carrière, Bernard Thévenet est devenu le directeur sportif de deux équipes. Puis, il a délivré son savoir aux téléspectateurs de France Télévisions tout en étant conseiller technique de diverses organisations et un efficace président de l'Amicale du cyclisme. Actuellement, tout en faisant prospérer son affaire de bonneterie cycliste, il est directeur du Critérium du Dauphiné (l'ex-Critérium du *Dauphiné Libéré* racheté par le groupe ASO). Mais, et c'est le plus important, il est resté ce qu'il a toujours été, l'ami de tous, doté d'un solide bon sens, le bon sens paysan.

1971

LUIS OCANA

Le coureur qui affronte les éléments

Jesus Luis Ocana naît à Priego, en Espagne, le 9 juin 1945. Priego, c'est un petit bourg de Nouvelle-Castille qui compte 3 000 habitants. La vie y est rude. L'hiver est rigoureux, et l'été caniculaire. Luis est l'aîné de quatre enfants, élevés par leur mère, tandis que leur père s'acharne à faire vivre la famille par des petits métiers : il carde la laine, presse l'huile... Mais cela ne suffit pas pour les nourrir tous. Aussi la famille s'installe-t-elle dans le Val d'Aran, tout près de la frontière française. L'exploitation des mines, ouvertes depuis la fin de la guerre, a suscité toute une activité, liée aux nombreux mineurs qui sont venus y travailler. Le père de Luis Ocana devient donc coiffeur. Mais bientôt, la famille déménage à nouveau pour s'établir dans le Gers.

Le jeune Luis n'aime que les cours de dessin et le cyclisme. Pour faire plaisir à son père, il consent à apprendre le métier d'ébéniste. Mais il se garde bien d'avouer qu'il vient d'obtenir sa première licence cycliste en imitant la signature paternelle. Il se distingue notamment dans les courses régionales et fait la connaissance de Pierre Cescutti, président de la section cycliste du Stade montois. Cette rencontre est capitale, car Cescutti est non seulement un chef d'entreprise avisé, mais aussi un formateur hors pair. C'est lui qui va prendre en main la carrière de Luis, même lorsque l'Espagnol sera incorporé dans des équipes professionnelles.

En 1969, Luis participe à son premier Tour de France, au sein de la formation espagnole Fagor. Mais une chute, dans l'étape du ballon d'Alsace, le contraint à abandonner la course. L'année suivante, Eddy Merckx est le grand favori du Tour. On lui oppose Bernard Thévenet et Luis Ocana, tout fier de son récent succès dans le Tour d'Espagne. Dès la première étape de montagne, entre Thonon-les-Bains et Grenoble, Eddy Merckx démontre sa nette supériorité sur ses concurrents. Il gagne l'étape en distançant Ocana de dix-huit minutes et Thévenet de vingt. Ocana est trente et unième à l'arrivée à Paris.

En 1971, Luis Ocana est dans l'équipe Bic, que dirige Maurice de Muer. L'ambition de cette formation est simple : remporter le Tour de France, et être ainsi les premiers à battre Eddy Merckx dans cette épreuve. Le début de saison d'Ocana a été honorable : troisième du Tour d'Espagne et deuxième du Critérium du *Dauphiné Libéré*. Merckx, bien entendu, est le grand favori du Tour, même si Ocana compte quelques partisans. Dès le premier jour, dans l'étape contre la montre par équipes, le Belge est maillot jaune. L'Espagnol n'est pas très loin derrière. Il attend la montagne, car il est persuadé que c'est là que se jouera l'épreuve. Dans les étapes de plat, il laisse le Belge défendre son maillot jaune tout en restant aux aguets. Le huitième jour, dans l'ascension du Puy de Dôme, Ocana gagne l'étape avec quinze secondes d'avance sur Merckx. Des broutilles, assure Guillaume Driessens, directeur sportif d'Eddy Merckx. Bien qu'il ne le dise pas, Maurice de Muer est persuadé que, pour son coureur, cette année sera celle de sa révélation, d'autant plus que Merckx n'a guère l'habitude de céder ainsi des poignées de secondes.

Deux jours plus tard, c'est la première étape de haute montagne dans les Alpes, entre Saint-Étienne et Grenoble, à travers le massif de la Chartreuse. Dans la descente du col du Cucheron, Merckx crève. Driessens, occupé avec un autre coureur, n'est pas là pour lui donner immédiatement une roue de secours. Le Belge repart avec un handicap de quarante secondes. À l'arrivée à Grenoble, Bernard Thévenet gagne l'étape devant le Suédois Petterson, le Hollandais Zoetemelk, nouveau maillot jaune et Ocana. Merckx, qui n'a pu rattraper le temps perdu – au contraire ! –, accuse un retard d'une minute trente-six secondes. Le soir, après le repas, les directeurs sportifs, chacun dans leur hôtel, mettent au point les plans d'attaque les plus audacieux envers Merckx. « Il est mûr ! », confie Raphaël Geminiani qui donne l'ordre à son leader, le Portugais Joaquim Agostinho, de porter l'offensive dès les premiers tours de roue du lendemain. Dans un grand éclat de rire, Ocana glisse : « Nous aurions dû aller plus vite ! »

Le lendemain, c'est Grenoble-Orcières-Merlette. Une étape courte de 134 km, mais qui débute par l'ascension de la côte de Laffrey, se poursuit par celle du col du Noyer et s'achève par la montée d'Orcières. Au rassemblement, les uns et les autres sont tendus. On parle peu. Tous les coureurs ont eu trois quarts d'heure d'échauffement. On respire l'indicible impression que la journée sera belle, peut-être même capitale. Le départ est donné. Tout de suite, les premiers coureurs du classement général se postent en première ligne. Ils n'échangent pas un regard, ne se parlent pas, ne portent aucune attention à la foule qui se presse au bord de la route. Pour ne pas éveiller les soupçons, ils jettent un bref coup d'œil à leur matériel : boyaux, chaîne, dérailleur. Ils cherchent à se rassurer. Tous ont glissé dans une poche le profil de l'étape, sous un étui plastique.

À mi-pente de la côte de Laffrey, Agostinho démarre. Ocana, Zoetemelk et le Belge Van Impe le suivent aussitôt. Merckx tente de réagir. Il ne peut que voir les fuyards s'éloigner. Merckx vit les moments les plus difficiles de sa carrière. Il tente d'organiser la poursuite, mais ses équipiers sont fatigués. Le début du Tour a été trop dur pour eux. Quant aux principaux compétiteurs de Merckx, ils laissent faire le champion. Après tout, c'est son affaire ! Devant la violente offensive d'Agostinho, le peloton a éclaté. Il n'y a plus que des coureurs isolés qui cheminent avec difficulté vers le sommet de la côte.

Les spectateurs entendent leur souffle rauque, à la recherche d'une bouffée d'air frais. Les coureurs zigzaguent sur la route, guettant l'ombre d'un arbre, d'un bosquet, d'une maison qui les rafraîchira un trop court instant. Le contraste entre Merckx et Ocana est saisissant. Le premier, le visage ravagé par la douleur et la colère de ne pouvoir suivre, écrase les pédales sans pour autant avancer plus vite. Le second, le dos rond, en parfaite harmonie avec sa machine, soutient un rythme de dément. Au pied du col du Noyer, Merckx est déjà dix minutes derrière l'Espagnol. Il tente de rameuter ses troupes, mais celles-ci ont disparu, très loin à l'arrière de la course. Les rares coureurs qui l'accompagnent toujours refusent de lui accorder le moindre relais. C'est la loi de la course ! Celui qui veut être le meilleur doit en faire la preuve sur la route.

Dans le col du Noyer, Luis Ocana est maintenant seul. Tour à tour, Agostinho, Van Impe et Zoetemelk ont décroché. Ocana va trop vite pour eux. Sous un soleil de feu, l'Espagnol poursuit son effort. De temps à autre Maurice de Muer vient lui confirmer les écarts enregistrés par l'organisation. Quatre minutes, puis cinq, puis six... Enfin, près de neuf minutes sur Merckx à l'arrivée ! Pendant la montée, les journalistes rivalisent de superlatifs. Jacques Goddet pense déjà à son éditorial, qu'il intitulera : « Plus rien ne sera comme avant ». Le spectacle est partout. Ocana est impérial ; Merckx est seul pour sauver ce qui peut être encore sauvé ; les autres coureurs, eux, essaient de se regrouper pour se donner mutuellement du courage. Tous les journalistes sont aux anges. Le Tour est fidèle à sa légende. Seul Luc Varenne, qui travaille pour la radio belge, est furieux. C'est un inconditionnel de Merckx. Il déteste

Ocana dont, depuis Grenoble, il refuse de prononcer le nom à l'antenne. Il ne l'appelle que « Truc », et seulement lorsqu'il est obligé de parler de lui. Aussitôt après l'arrivée d'Ocana, n'écoutant que son fanatisme, Varenne enfourche la moto de sa station pour courir à la rencontre de son compatriote. En direct sur les ondes belges, il lui crie son admiration et lui hurle ses encouragements, « au nom des braves petits Belges qui souffrent avec le roi Eddy ». Scène irréaliste, qui montre combien la défaite de Merckx et la lumineuse victoire d'Ocana marquent non seulement les esprits, mais encore toute l'histoire du Tour. Pour la première fois, Eddy Merckx est mis à mal dans le Tour de France. À l'arrivée, entre deux souffles, il dira : « Aujourd'hui, Ocana nous a matés comme El Cordobes mate ses taureaux. » Il est vrai que la victoire de l'Espagnol est étincelante, à tel point que, le soir venu, les commissaires devront repêcher soixante-sept coureurs, trente-huit seulement ayant terminé dans les délais.

À Orcières, le Tour observe une journée de repos. Luis Ocana reçoit sa famille, ses amis, la presse. Merckx, lui, s'entraîne plus dur que d'habitude.

Et il faut repartir. Orcières-Merlette-Marseille. Une longue étape de 251 km, *a priori* sans grandes difficultés. Une fois descendu ce que l'on a escaladé l'avant-veille, il suffit de longer la Durance pour arriver sur le Vieux Port. Le signal du départ est à peine donné que le Hollandais Rini Wagtmans surprend tout le monde. Il fonce tête baissée dans la descente. Il est vrai qu'il est le roi des descendeurs, l'empereur des casse-cous. Habituellement, beaucoup de coureurs refusent de le suivre, car son sens de la trajectoire est, à leur goût, beaucoup trop périlleux. Wagtmans est l'équipier de Merckx. Ce dernier suit le Hollandais, qui descend comme un fou, emmenant dans son sillage six autres coureurs. Dans la vallée, un formidable bras de fer s'engage. Ocana est devant, suivi de Merckx au sein d'un peloton qui s'efforce de le rattraper. Merckx ne s'avoue pas battu, malgré ses minutes de retard au classement général. Durant cinq heures et demie, ils tiennent le peloton en respect. L'écart ne sera jamais supérieur à trois minutes. Les cyclistes filent comme l'éclair, traversent les villages à toute allure. Les spectateurs qui avaient déniché une bonne petite auberge pour y déguster le rosé local en attendant le passage du Tour ont à peine le temps de s'asseoir que la course est déjà là. À Marseille, on s'inquiète : les coureurs ont tellement d'avance qu'il faut retrouver à la hâte les techniciens de télévision chargés d'assurer le direct qui sont dans les bars des alentours. Le service d'ordre n'est pas là. Tant pis, on s'en passera ! C'est trois quarts d'heure plus tôt que prévu, devant un public très clairsemé, que l'Italien Armani gagne l'étape devant Merckx. Ocana suit, à une minute quarante-six. Mais Merckx ne s'avoue pas vaincu.

Le Tour attaque ensuite les Pyrénées. Les Pyrénées, c'est d'abord Revel-Luchon avec, en fin de parcours, les cols du Portet d'Aspet, de Menté et du Portillon. C'est dans ce dernier qu'Ocana, toujours porteur du maillot jaune, a décidé de passer à l'offensive. Le Portillon, il le connaît par cœur, puisque ce col commence en territoire espagnol, dans le Val d'Aran de son enfance. La course doit d'ailleurs passer devant le cimetière où repose son père. Il fait lourd, la chaleur est poisseuse, l'orage menace. Dans le Portet d'Aspet, Merckx attaque à trois reprises. À chaque fois, Ocana réagit. Dans le col de Menté, il recommence, mais ses offensives sont plus vives et plus nombreuses. Ocana résiste. Au moment où le groupe de tête atteint le sommet, l'orage qui menaçait et assombrissait la montagne depuis une demi-heure éclate. Les éclairs zèbrent le ciel, le tonnerre rugit. Dans un fracas lugubre, deux arbres, frappés par la foudre, s'abattent dans le ravin. Les rus se transforment en ruisseaux, traversent la route, charriant des pierres, de la terre, des branches... La pluie est violente et gêne la visibilité. Les freins des cyclistes ne répondent plus. Wagtmans, le descendeur acrobate, se retrouve au beau milieu d'un champ. Dans un virage en épingle à cheveux, Merckx, qui mène le groupe, dérape et tombe. Ocana, qui veut l'éviter, est précipité à terre à son tour et aussitôt percuté par Zoetemelk et Agostinho. L'Espagnol ne se relève pas, ne bouge pas. Qu'a-t-il eu ? Dans la demi-obscurité, Jacques Goddet, bondit de sa voiture et, planté au milieu de la route, gesticule en imperméable pour avertir les suiveurs du danger. On se presse autour d'Ocana. Il ne parle pas. On le couvre d'un blouson, donné par un motard. Il est transporté au village le plus proche en ambulance, puis un hélicoptère l'emmène à la clinique du docteur Bergès, à Saint-Gaudens. L'examen ne révèle aucune fracture, mais un état de fatigue intense et de multiples contusions. Après deux jours d'hospitalisation, il regagne sa villa de Bretagne-de-Marsan, dans les landes. Il apprendra ensuite que c'est dans la chambre 15, qu'il occupait à la clinique, que Raymond Poulidor avait été hospitalisé après une chute dans le Portet d'Aspet. La course, elle, continue. Dans le Val d'Aran, les spectateurs espagnols, avertis par la radio de la chute de leur compatriote, n'ont pas le courage de ranger leurs banderolles à la gloire de l'enfant du pays, mais ils n'ont guère envie d'applaudir. C'est un peloton encore ému qui traverse cette région sous un soleil enfin revenu, sous les yeux d'un public silencieux. Eddy Merckx, premier du classement général, refuse d'endosser le maillot jaune. Il ne le fera que le lendemain, quelques jours avant d'emporter définitivement la victoire à Paris.

Enfin, en 1973, Luis Ocana remporte le Tour. Merckx, qui vient de gagner un très difficile Tour d'Italie, est absent. Malgré une chute en début d'épreuve, Ocana fait le vide autour de lui dans l'étape des Orres, non loin d'Orcières-Merlette. Ce soir-là, il rentre à l'hôtel si fatigué qu'il s'endort en tenue de coureur sur son lit et ne se réveille qu'à une heure du matin pour demander un panier de cerises !

Courageux et fier, Luis Ocana continue, une fois sa carrière terminée, à braver les éléments. Devenu viticulteur dans le Gers, il produit en effet un très bon armagnac – que Merckx l'aide d'ailleurs à vendre en Belgique. Or un orage détruit son vignoble et, durant trois ans, il ne peut produire. Ocana crée alors un « blanc de blanc » qui porte son nom. Le produit se vend mal, les dettes augmentent. Pour faire face, il part en mission en Uruguay et devient consultant pour une chaîne de radio espagnole. Mais il se sait rongé par une hépatite C et s'abandonne à ses idées morbides. Josiane, sa femme, le soutient, lui présente des gens pour lui changer les idées. Rien n'y fait. Le 14 mai 1994, il se tire une balle de revolver dans la tête. Ses obsèques ont lieu à Labastide-d'Armagnac, dans la chapelle Notre-Dame-des-Cyclistes, là où, vingt-huit ans plus tôt, il s'était marié, une veille de Noël.

1972

CYRILLE GUIMARD
Le Breton qui défie Merckx

Lorsqu'est donné à Angers le départ du Tour de France 1972, les observateurs se frottent les mains. Le duel Merckx-Ocana, interrompu l'année précédente par la chute et l'abandon de l'Espagnol dans les Pyrénées, va reprendre. Luis Ocana prépare soigneusement son affaire. Au cours de la saison, ses résultats sont en constante progression : il est troisième de Paris-Nice, deuxième des Quatre Jours de Dunkerque et vainqueur d'un difficile critérium du *Dauphiné Libéré*. Eddy Merckx n'est pas en reste. Deuxième de Paris-Nice, derrière Raymond Poulidor, il est vainqueur de Milan-San Remo, de Liège-Bastogne-Liège, de la Flèche Wallonne et du Tour d'Italie ; il va réaliser cette année-là sa saison la plus complète puisqu'elle se terminera à Mexico avec le record de l'heure.

Eddy Merckx est à la tête d'une équipe très solide, composée uniquement de coureurs belges qu'il a lui-même sélectionnés avec son nouveau directeur sportif, l'ancien coureur Robert Lelangue. Seul manque Herman Van Springel : les sponsors de la formation Molteni n'ont pas apprécié qu'il ait pris langue, peu auparavant, avec les dirigeants de la firme allemande Rokado pour courir sous leurs couleurs lors de la prochaine saison.

Maurice de Muer, directeur sportif de Luis Ocana, a pour sa part choisi des baroudeurs, des hommes endurants, capables de résister à la souffrance. À trente-six ans, l'inusable Raymond Poulidor est sur la ligne de départ, de même que Roger Pingeon. On ne prête pas beaucoup d'attention à Cyrille Guimard. Et pourtant ! c'est le seul coureur qui va donner du suspense à la course, jusqu'à la victoire d'Eddy Merckx.

Lorsque le départ du Tour est donné, Cyrille Guimard, qui fait partie de la formation Gan-Mercier dont le chef de file est Raymond Poulidor, est âgé de vingt-cinq ans. Depuis neuf ans déjà, il use ses cuissards aussi bien sur route que sur piste, ou encore en cyclo-cross. À seize ans, il est champion de France de vitesse chez les cadets ; à dix-huit, il remporte deux étapes du Tour du Mexique ; à vingt ans, il est vainqueur du classement par points du Tour de l'Avenir ; et à vingt et un ans, pour sa première saison professionnelle, il est lauréat de la Promotion Pernod. En 1972, il participe pour la troisième fois au Tour de France. En 1970, il s'était classé soixante-deuxième, mais avait été vainqueur à La Rochelle et, en 1971, il était arrivé septième. Il fait partie, avec Bernard Thévenet et Yves Hézard, de la génération montante du cyclisme national.

Eddy Merckx, comme d'habitude, remporte le prologue à Angers. Mais dès le lendemain, sur la route de Saint-Brieuc, Cyrille Guimard est partout. Il dispute les sprints intermédiaires, lance des offensives, règle l'allure pour enfin gagner l'étape et endosser le maillot jaune. Merckx sait d'entrée de jeu qu'il lui faut ajouter un nom à la liste des candidats à la victoire finale. Chacun y va de son commentaire élogieux. Jacques Goddet titre son éditorial « Cyrille comme cycle ». Maurice de Muer reconnaît que Guimard n'est plus seulement l'excellent routier-sprinter de ses débuts, tandis que Louis Caput, son directeur sportif, souligne que « Cyrille progresse dans tous les domaines, car c'est un chercheur jamais satisfait de lui ».

Quant à son sponsor, le Gan, représenté par Claude Sudres, il est aux anges. Personnage pittoresque de la gent cycliste, Claude Sudres, ami de Blondin, Chany ou encore Audiard, son foulard autour du cou et sa casquette de la guerre de Sécession sur la tête, a su convaincre les dirigeants de l'austère Groupement des Assurances Nationales de reprendre en main la formation Fagor-Mercier, quelque peu vieillissante. Sudres et le directeur sportif Louis Caput ont donné à point nommé un coup de fouet salvateur à l'équipe. C'est tout d'abord la victoire de Raymond Poulidor dans Paris-Nice, traitée dans la presse au même titre que la conférence de presse de Georges Pompidou, alors président de la République, et maintenant la victoire d'étape et le maillot jaune de Cyrille Guimard. Le Gan, à la grande surprise de ses dirigeants, accroît rapidement sa notoriété.

Quarante-huit heures plus tard, Cyrille Guimard cède le maillot jaune à Eddy Merckx, à la faveur d'une étape contre la montre par équipes, mais le reprend le lendemain à Royan. Cette étape Saint-Jean-de-Monts-Royan n'offre pas de difficulté particulière. Son parcours uniformément plat longe la côte et s'enfonce parfois dans le marais vendéen. Là, il n'y a aucun abri lorsque le vent souffle. Les bosquets sont rares, et les haies entre bief et chenal beaucoup trop basses. Et bien sûr, le vent se lève ! Pour lutter, le peloton s'organise. Cyrille Guimard, le premier ordonne une formation en éventail. Merckx, Ocana, Thévenet et Hézard le suivent. Poulidor, Pingeon, Zoetemelk et Agostinho sont absents. Ils sont piégés. Ils perdent trois minutes. L'initiative de Guimard donne un sacré coup de balai dans le classement général.

La France du cyclisme exulte. Depuis 1969, Eddy Merckx exerce une domination sans partage sur le Tour. Il a a son actif trois participations, trois victoires et vingt-et-un succès d'étape. Depuis trois ans, un seul coureur français a réussi à revêtir le maillot jaune : Désiré Letort. Encore ne l'a-t-il gardé qu'une journée seulement. Et voilà qu'un jeune Breton aux idées bien arrêtées, têtu comme une mule, vient troubler la suprématie de celui qu'on appelle déjà

« le Cannibale ». Le Tour a toujours aimé les belles histoires. Il adore celle-là !

À coups de secondes glanées en cours de route ou lors du sprint des arrivées, Guimard est toujours maillot jaune au pied des Pyrénées. Il l'est encore à Pau, malgré une violente attaque de Merckx, qui s'irrite de le voir à ses côtés lors de l'ascension des grands cols. À Luchon, Merckx reprend « son bien ». Cyrille Guimard est inquiet : il commence à ressentir une douleur dans le genou droit. La nouvelle ne s'ébruite pas, mais dans le Ventoux, le Breton perd deux minutes.

Dans les Alpes, Guimard tient bon. Il ne perd que quelques secondes, alors qu'Ocana, malade et découragé, quitte le Tour à Aix-les-Bains. Merckx n'a plus qu'un seul rival sérieux : Cyrille Guimard, qu'il a déjà distancé de six minutes. Plus loin dans le classement se trouvent Poulidor et Gimondi.

Dans l'étape de Briançon, Eddy Merckx s'élance seul à l'assaut du col de l'Izoard, après avoir lâché tout le monde dans le long faux plat qui précède la montée. Au sommet, Guimard suit Merckx à deux minutes trente. À l'arrivée, il n'y a plus qu'une minute trente d'écart entre les deux hommes. Dégringoleur hors pair, souvent à la limite de l'équilibre, Guimard reprend donc une minute à Merckx dans la seule descente de l'Izoard, une descente acrobatique, très sinueuse.

Guimard n'a pas dit son dernier mot, et en profite pour obtenir une nouvelle victoire d'étape au sommet du Revard... en battant Merckx au sprint. Une arrivée incroyable ! Ils sont encore sept à se disputer la victoire finale, sept qui n'ont pas réussi à se distancer les uns les autres dans la montée. Pour des raisons pratiques, la ligne d'arrivée n'est pas placée au sommet du Revard, mais un tout petit peu plus loin, au terme d'une légère descente à la sortie d'un large virage. Avec le vent, la banderole d'arrivée s'est envolée. Merckx lance le sprint. Guimard met la main sur la manette du dérailleur pour changer de vitesse. Le geste est trop brusque, la chaîne se place sur le pignon à treize dents. Au début de la descente, Guimard est déjà plus rapide que Merckx, qui va passer la ligne. Mais celui-ci lève déjà le bras droit, en signe de victoire. À la dernière seconde, Guimard arrive à pleine vitesse sur la ligne. Il passe sous le bras levé de Merckx. Qui est vainqueur ? Nul ne le sait. Nul n'ose avancer de résultat. On extrait la photographie de l'arrivée. On la développe. On la regarde, à l'œil nu, puis à la loupe. Jacques Goddet accourt, suivi de Félix Lévitan, puis d'Eddy Merckx, puis de Cyrille Guimard. Il y a bien un tout petit centimètre d'écart entre les deux hommes, en faveur de Guimard.

Sur le podium, le Belge admet sa défaite et ajoute : « J'ai été battu par Poeske-Guimard », faisant ainsi allusion à Jef Scherens, grand sprinter des années 30, maintes fois champion du monde, surnommé « Poeske » qui, en flamand, peut se traduire par « tigre bondissant sur sa proie ». La foule est énorme et, ce soir-là, Guimard a bien du mal à se frayer un chemin jusqu'à son hôtel, en dépit des violents coups de klaxon de Claude Sudres.

Pendant la nuit, la douleur au genou se réveille. Au petit matin, Guimard ne peut mettre le pied par terre. On lui apporte son petit-déjeuner dans sa chambre. La sagesse voudrait qu'il quitte le Tour, mais il refuse. Déjà, on ne parle plus de tendinite, mais d'épanchement de synovie. On est loin de la réalité ! On multiplie les intraveineuses. On le porte sur son vélo. À Pontarlier, après le ballon d'Alsace, Guimard se maintient à la deuxième place du classement général. Son courage suscite l'admiration. Antoine Blondin lui dédie sa chronique quotidienne dans *L'Équipe*, qu'il intitule « Guimard, notre Eddy de Nantes ». On y lit : « Le bouvillon nantais, à la frange crêpée de boucles blondes, a appelé sur lui les rayons d'un printemps cycliste qui va jusqu'à éclipser l'admiration mystique vouée à Eddy Merckx. Les experts et les profanes se rejoignent, ici, dans une estimation commune : Guimard est un champion, au sens propre du terme, parce qu'il est un représentant... Là où Merckx nous apparaît comme un champion transcendant,

Guimard, camarade parmi les autres, reflet d'un pays heureusement contrasté, enraciné dans son terroir, est un champion immanent. Il semble sortir du cœur même du peuple, et l'on ne tremble pas à la perspective de lui serrer la main. »

Le samedi 23 juillet, veille de l'arrivée, Guimard n'en peut plus. Il n'a pas fermé l'œil de la nuit. Ses traits sont tirés. Le bronzage naturel des coureurs cyclistes disparaît sous la pâleur de son teint. Une petite pluie, fine d'abord puis plus violente, accompagne les coureurs à Vesoul en direction d'Auxerre, terme de l'étape. Le ciel est bas. Il fait froid. Un vrai temps de Toussaint. Après douze kilomètres de course en pleine nature, dans une côte insignifiante, Guimard s'arrête. C'est l'abandon. En claudiquant, il se dirige vers l'ambulance, accourue à la hâte. Claude Sudres lui passe un vêtement chaud et un coupe-vent. Sans un mot, Guimard monte dans l'ambulance. On referme les portes. Guimard est seul avec lui-même, seul avec sa tristesse, qu'il noie dans un océan de larmes.

Le soir, il se rend péniblement dans la banlieue d'Auxerre, au cimetière de Migènes, et dépose son maillot vert sur la tombe de Maurice Diot, un ancien vainqueur de Paris-Brest-Paris, décédé quelques mois plus tôt.

Le lendemain, à Paris, sur la piste municipale de Vincennes, où est jugée l'arrivée définitive de ce Tour de France, Eddy Merckx remporte l'épreuve une quatrième fois et songe déjà à sa cinquième victoire. Raymond Poulidor, pour sa part, annonce : « Ce n'est pas encore mon dernier Tour. »

L'année suivante, en 1973, Merckx ne court pas le Tour. C'est Luis Ocana qui l'emporte. Guimard et Poulidor sont sur la ligne de départ. Le premier gagne à Reims, mais abandonne dans les Alpes. Le second, victime d'une chute dans la descente du col du Portet d'Aspet, abandonne dans les Pyrénées.

1974

RAYMOND POULIDOR

La dernière étape... à 38 ans

Lorsque Raymond Poulidor prend le départ du Tour de France 1974, à Brest, c'est la douzième fois qu'il participe à l'épreuve. Il a déjà trente-huit ans, mais il donne l'impression d'être plus jeune. Sa robuste constitution, acquise à l'enfance et à l'adolescence dans les fermes de la Creuse et de la Haute-Vienne, lui a donné une espèce d'allergie aux maladies. En janvier 1973, c'est dans sa maison de Saint-Léonard-de-Noblat que le ministre des Sports de l'époque, Joseph Comiti, a épinglé sur le revers de son veston la croix de chevalier de la Légion d'honneur. Poulidor est un homme comblé, au palmarès remarquable : championnat de France, Milan-San Remo, Paris-Nice, Tour d'Espagne, critérium du *Dauphiné Libéré*, il a, au total, remporté près de deux cents victoires. Aussi, à Brest, le grand favori du Tour, le Belge Eddy Merckx, déjà vainqueur de l'épreuve à quatre reprises, est-il inquiet. Ses capacités en montagne ont diminué. L'ablation récente d'un kyste le fait souffrir et le gêne. Cela ne l'empêche pas, pourtant, de remporter le prologue et de s'installer, comme de coutume, en tête du classement général. Cette année-ci, le tracé du Tour remonte vers le nord avec, pour la première fois de son histoire, une halte en Grande-Bretagne, à Plymouth. Ainsi montrera-t-on aux Anglais la perfection de l'organisation du Tour et pourra-t-on, accessoirement, leur vanter les mérites de l'artichaut breton : « Tout artichaut cueilli le matin en Bretagne peut être dégusté le soir même en Angleterre », proclame le slogan de l'étape anglaise. Si les coureurs n'ont pas gardé de ce court séjour un souvenir impérissable, la caravane du Tour, en revanche, en parle encore avec émotion. Des montagnes de victuailles l'attendaient sur le ferry qui devait la conduire de l'autre côté de la Manche : langoustes, crabes et poissons divers, des tonneaux de boisson, une vision gargantuesque ! Dans une ambiance plus que joyeuse, tout fut englouti. Et le même cérémonial de recommencer le lendemain, pour le trajet et de retour.

Jusqu'aux Alpes, Eddy Merckx, toujours insatiable, domine la situation. Justement, les Alpes, les voici ! Besançon-Gaillard, à la frontière franco-suisse, pour commencer l'étape, le mont Salève pour la finir. À l'issue de l'ascension, l'Espagnol Aja devance Merckx d'une minute. Mais excellent descendeur, le Belge le rejoint ensuite et gagne l'étape. Raymond Poulidor devient néanmoins le premier Français au classement général. C'est ensuite Gaillard-Aix-les-Bains par la Dent-du-Chat. Aja, puis Poulidor, débordent Merckx. Ce dernier, la casquette en bataille, le visage déformé à la fois par un rictus de circonstance et par une grimace de douleur, se bat avec énergie contre son impuissance à suivre ceux qui ouvrent la route. Comme la veille, il s'engage dans une descente à tombeau ouvert et remporte l'étape. Pourtant, les observateurs remarquent que le Belge va dorénavant devoir composer : ses moyens physiques ne sont plus ce qu'ils étaient les années précédentes, et vont rendre plus dure une cinquième victoire. Quant à Poulidor, il refuse de prendre, au sommet de la Dent-du-Chat, le vélo spécialement conçu pour les descentes de col que lui tend son directeur sportif, Louis Caput. C'est une erreur, affirment certains.

Après une journée de repos, le Tour prend la route de Serre-Chevalier qui emprunte le col du Galibier. Les Espagnols, Lopez-Carril en particulier, mènent le peloton. Dès la sortie de Valloire, au pied du col, dans le long faux-plat qui conduit à Plan-Lachat, Poulidor disparaît du groupe que conduit Merckx. Son coup de pédale est heurté. De temps à autre, il se dresse pour relancer l'allure, pour rattraper le temps perdu, mais les minutes de retard s'accumulent. Certes, jamais Poulidor n'a apprécié cette très longue ascension, mais une telle défaillance est inattendue. Elle va le priver, une nouvelle fois, d'une victoire tant espérée dans le Tour. Dans le mont Ventoux, Poulidor se ressaisit, devance même le Belge de quelques secondes au sommet, mais sans effet sur le classement général. Eddy Merckx est toujours maillot jaune. Par Montpellier, Colomiers et Seo de Urgel, le Tour arrive au pied des Pyrénées. Là, la première étape est la plus difficile : de Seo de Urgel jusqu'à Plat-d'Adet, au-dessus de Saint-Lary-Soulan, ce sont deux cent dix kilomètres avec cinq cols au programme, dont deux en Espagne, puis le Portillon, Peyresourde et la montée vers le Plat d'Adet. Une montée inédite, à 1 684 mètres d'altitude. Merckx décide de bloquer la course. Toutes les tentatives d'attaque de la part des autres coureurs sont vouées à l'échec. Josef Spruyt, coéquipier d'Eddy Merckx, va même jusqu'à agresser verbalement ceux qui veulent se lancer dans des offensives. Jacques Goddet doit intervenir pour rétablir le calme, tandis que Merckx tance son coéquipier. On est fébrile dans la formation du Belge ! Au fil des cols, le peloton perd des coureurs. À Saint-Lary, ils ne sont plus qu'une grosse dizaine dans le groupe de tête. Dès le premier lacet, Poulidor se dresse sur les pédales et attaque. Merckx et quelques autres tentent de réagir, sans succès. Poulidor disparaît bientôt de la vue de ses poursuivants. À cinq kilomètres du sommet, il rejoint le Belge Van Neste qui joue les éclaireurs depuis Peyresourde et s'en va, seul, vers l'arrivée. Les spectateurs sont ivres de joie. Poulidor, l'enfant chéri des foules, celui auquel on a pardonné ses nombreuses deuxièmes places ; celui qui, au fil du temps, est devenu Poupou, s'apprête enfin à remporter l'étape la plus difficile des Pyrénées. Derrière lui, au volant de sa voiture, son directeur sportif, Louis Caput, trépigne de joie et prend les journalistes à témoin : « Je vous l'avais bien dit, expose-t-il, la défaillance du Galibier n'est qu'un épisode. Croyez-moi, Poulidor est de la race de ceux qui ne vieilliront jamais ! » Merckx, de son côté, tente vainement de réduire un écart qui ne cesse de grandir. Il change de machine pour une autre plus légère, sans plus de résultat. À l'arrivée, la distance est conséquente : une minute quarante-neuf secondes. Merckx garde le maillot jaune, mais Poulidor devient cinquième au classement général.

Raymond Poulidor raconte sa journée à une foule de journalistes aussi ébahis qu'heureux. Il n'a plus gagné d'étape dans le Tour depuis 1967 – cela fait sept ans. Ce jour-là, il s'octroyait la dernière étape contre la montre à Paris, au Parc des Princes. Anquetil, devenu consultant pour la télévision auprès de Robert Chapatte, ne cesse de louer son ancien adversaire, désormais un ami. Dans la salle de presse, les machines à écrire crépitent. La boîte aux superlatifs est grande ouverte. Antoine Blondin titre « Cinq cols à la une » sa chronique quotidienne du journal *L'Équipe*, dans laquelle il écrit : « C'était bien un spectacle à montrer aux enfants des écoles que celui du vétéran creusant le vide derrière lui, d'une pédalée à laquelle le grand développement utilisé conférait une majesté impeccable. Cet âge est sans pitié. Il fallait l'entendre cette fois comme l'affirmation de l'expérience et de la tranquille assurance apportées par les ans. Le parfum de la gloire est d'abord celui des pots d'échappement. Le conglomérat de motocyclistes qui faisaient escorte à Raymond Poulidor le désignaient d'un lacet à l'autre à l'impatience de la foule. Les pancartes à sa dévotion n'avaient plus l'allure des ex-voto surannés, et les mémoires délicieusement rafraîchies s'imprégnaient de l'air du pays retrouvé. Un peuple entier rajeunissait à vue d'œil. Poulidor, lui, avait quitté ce visage gaulois qui lui donne l'air de figurer au plus glorieux des monuments aux morts. Il affichait le beau masque romain qu'aurait pu adopter Vercingétorix s'il avait voulu tromper César, après avoir fait semblant de jeter les armes à Alésia. »

Le Tour est ainsi fait qu'à peine arrivé dans une ville, il faut en repartir. Le lendemain, c'est l'arrivée à La Mongie, à quatre kilomètres du sommet du Tourmalet. Jean-Pierre Danguillaume l'emporte. Poulidor est troisième au classement général. La veille du dernier jour du Tour, à Orléans, Raymond Poulidor, grâce à une étape contre la montre, devient, pour une toute petite seconde, deuxième. À Paris, sur la piste municipale du bois de Vincennes, Eddy Merckx endosse son cinquième maillot jaune. Raymond Poulidor, encore une fois deuxième (c'est la troisième fois), assure : « Ma carrière n'est pas encore terminée. Je vais encore revenir sur le Tour. » Eddy Merckx, revenant sur la performance de Poulidor, reconnaît : « L'attaque de Raymond à Saint-Lary fut remarquable. Ce jour-là, il nous a donné la leçon. »

Quelques semaines plus tard, c'est le Championnat du monde à Montréal. Jacques Anquetil, directeur technique de l'équipe de France, sélectionne Poulidor et en fait son capitaine de route. Comme au Tour de France, Merckx est champion du monde et Poulidor deuxième. Dans l'avion du retour, à peine les opérations de décollage terminées, Anquetil, Poulidor et deux autres comparses filent vers le salon des premières classes. Durant tout le trajet, ils disputent des parties de tarot. Comme toujours aux cartes, Poulidor gagne, et Anquetil, qui n'aime pas perdre, est deuxième. « Je ne lui en veux pas, dit-il, avec lui j'ai vécu ma plus belle journée de directeur technique national. » Raymond Poulidor court encore le Tour à deux reprises. En 1975, il est dix-neuvième, et en 1976, à quarante ans, il monte sur le podium, à la troisième place. C'est sur cet exploit que s'achève la carrière de celui que les foules surnomment, aujourd'hui encore, Poupou.

1986

HINAULT-LEMOND
Les frères ennemis

Lorsque Greg LeMond naît, le 26 juin 1961, à Washoe Valley dans l'état du Nevada, son père a déjà fait fortune dans l'immobilier. Ses parents viennent de quitter la Californie pour s'installer dans le Nevada, où ils espèrent bénéficier d'une vie plus saine et agréable, dans un environnement plus naturel. Aux buildings californiens succèdent donc de vastes propriétés, sises aux portes du désert, entourées de lacs et de bois. À l'exemple de son père Bob, Greg se révèle vite être un passionné de la nature. Il partage son temps entre la pêche, la chasse et le cyclisme, tout en menant normalement ses études. Alors que les adeptes du mountain-bike se font de plus en plus nombreux aux États-Unis, Greg LeMond, lui, ne s'intéresse qu'au cyclisme sur route. Il a treize ans lorsqu'il s'offre sa première bicyclette, une Raleigh dix vitesses, avec l'argent gagné en tondant les pelouses de ses voisins. À quatorze ans, il signe sa première licence au Palo Alto Bike Club, où il est bientôt surnommé « la pintade » à cause de son air perpétuellement effarouché. Peu à peu, le désir de faire du cyclisme son métier naît en lui. Il est passionné, obsédé : c'est le seul de son club qui, chez son marchand de cycles, feuillette pendant des heures interminables de vieux magazines consacrés à la compétition cycliste. Il découvre ainsi l'existence du Tour de France.

Rapidement, il s'affirme comme l'un des meilleurs cyclistes de sa génération et intègre la formation nationale junior de son pays. Sur les recommandations de son entraîneur Eddy Borysewics, un Polonais naturalisé, le jeune LeMond se rend en Pologne. Il n'a pas encore dix-huit ans mais se débrouille fort bien : après le voyage en avion de Los Angeles à Varsovie, il négocie son transfert à Lodz avec un taxi pour 40 dollars. Là, les organisateurs des courses, non sans surprise, voient arriver aux premières lueurs de l'aube un jeune homme aux allures de chat efflanqué, affublé d'un affreux appareil dentaire et d'un soupçon d'acné sur le visage. Greg LeMond participe à huit courses. Il les remporte toutes. C'est Noël De Jonckheere, un ancien coureur devenu éducateur, qui s'occupe alors des jeunes Américains venus courir en Europe. Au sujet de LeMond, il est dithyrambique : « J'ai vu le futur vainqueur du Tour de France ! », confie-t-il à un journal belge.

Avant de retourner aux États-Unis, LeMond fait un détour par la France où le rejoint son grand-père, venu faire des recherches généalogiques pour vérifier si les LeMond ont des ancêtres français. Bien sûr, le jeune Greg veut voir le Tour de France. Comment manquer un tel événement ? Au-dessus de Morzine, dans la montée du col de Joux-Plane, envahie par un public nombreux, LeMond s'enthousiasme : ce n'est pas seulement la ferveur, la passion des spectateurs, c'est aussi la violence de l'effort athlétique des coureurs qui l'impressionne. Le jeune homme ne perd pas une miette du spectacle, d'autant plus qu'à côté de lui se trouve un Français qui parle remarquablement l'anglais et qui lui explique le Tour. Une fois le peloton et les suiveurs passés, Greg et son voisin font un bout de route ensemble, chacun sur son vélo. Au moment de se quitter, ils échangent leurs adresses. Ce Français n'était autre que... Jean-Claude Killy, triple champion olympique de ski et futur directeur du Tour de France.

En 1979, LeMond participe toujours aux compétitions dans la catégorie junior. Il accumule les distinctions : médaille d'or aux championnats du monde sur route, médaille d'argent en poursuite et médaille de bronze par équipes. L'année suivante, il espère être champion olympique, mais les États-Unis boycottent les Jeux, qui ont lieu à Moscou. Au printemps, il se rend en France pour disputer deux épreuves, toutes deux par étapes : le Circuit des Ardennes, qu'il termine à la troisième place, et le Circuit de la Sarthe, qu'il remporte. Deux équipes françaises, Peugeot et Renault, aimeraient manifestement recruter ce coureur talentueux. L'une et l'autre réalisent d'ailleurs très vite qu'elles sont confrontées à un coureur d'un nouveau style. LeMond sait exactement ce qu'il veut : un appartement de fonction, une voiture et des billets d'avion pour aller, de temps à autre, courir aux États-Unis. L'équipe Renault, sous la houlette de Cyrille Guimard que sa direction soutient avec conviction, l'emporte. Le 13 juillet 1980, LeMond endosse le maillot de l'U.S. Créteil, point de passage obligé avant d'entrer dans l'équipe professionnelle. Il a du mal à s'adapter à la France. L'appartement promis n'est qu'une simple chambre, la voiture ne lui sera jamais affectée... Greg se lasse vite de cette vie, somme toute peu enthousiasmante. Il s'ennuie. D'autant que Kathy, sa fiancée, est restée aux États-Unis, loin de lui. Alors il rentre et ils se marient. Ils n'ont pas encore vingt ans. De retour en France, le couple s'installe dans la banlieue de Nantes. Maintenant c'est Kathy qui s'ennuie. Elle ne parle pas encore français, les gens du voisinage, peu amènes, ne cherchent guère à établir le contact et, pour couronner le tout, le mobilier n'est livré qu'au bout de plusieurs longues semaines. Greg et sa femme décident de ne pas s'éterniser : ils quittent rapidement la France pour la Belgique, Nantes pour Courtrai, dans la Flandre. Là, au moins, on dispose du câble et des chaînes anglophones. Là, les gens savent accueillir les étrangers. De temps à autre, les LeMond trouvent un petit bouquet de fleurs devant la porte du pavillon.

Pourtant, malgré ses nouveaux succès – le Critérium du *Dauphiné Libéré* et le Tour de l'Avenir –, Greg LeMond est toujours la cible des moqueries. Ainsi, il tient le golf pour un sport à part entière, ce qui a le don de faire hurler de rire le peloton tout entier. Comme il répugne à partager chaque instant de la vie communautaire de sa formation, il lui arrive, le soir, de quitter l'hôtel pour dîner au restaurant avec sa femme, ses parents ou ses quelques amis. Bon vivant, il préfère un bon gros sandwich à l'américaine et un coca aux traditionnelles crudités arrosées d'eau minérale. De temps en temps, il s'offre une bouteille de bon vin. Bref, Américain dans un pays hautement traditionnel, il veut vivre comme il l'a toujours fait : libre et sans contrainte. Aussi, lorsque Cyrille Guimard lui impose pour guide son compatriote Jonathan Boyer, francophile convaincu. LeMond, méfiant, peu habitué à être cornaqué, rentre encore plus dans sa coquille et sort les griffes au point qu'en 1982, aux championnats du monde de Goodwood, aux États-Unis, il préfère laisser la victoire à l'Italien Giuseppe Sarroni pour éviter que Boyer ne devienne le premier champion du monde américain. Greg LeMond entend aussi que son salaire soit proportionnel aux efforts fournis. C'est pourquoi il quitte Guimard et la formation Renault à l'automne 1984 pour rejoindre Bernard Hinault et l'équipe La Vie Claire.

À l'époque, Hinault est en guerre ouverte avec Cyrille Guimard. Le patron de La Vie Claire, c'est Bernard Tapie. Tapie est encore peu connu, et c'est tout juste si l'on sait qu'il a tenté de racheter quelques châteaux de l'ex-empereur Bokassa. Dans le cyclisme, Tapie détonne. Sans vergogne, il foule aux pieds les règles établies, a le verbe haut, semble être au mieux avec les plus hauts personnages de l'État. L'argent, pour lui, n'est pas un problème. Il proclame qu'il veut dépoussiérer le cyclisme en commençant par créer une équipe professionnelle autour de Bernard Hinault et en augmentant considérablement les salaires. Les coureurs sont sous le charme... et, comme toujours, Tapie n'hésite pas à promettre beaucoup.

Comme d'autres, LeMond donne sa signature. En fait, Tapie n'a que faire du cyclisme. Il n'y restera d'ailleurs que peu de temps avant de partir, à la fois chassé par les dirigeants les plus honnêtes et attiré par des sports à l'éthique moins sensible. Ce que veut Tapie, c'est obtenir une reconnaissance aux États-Unis. Pour cela, son stratagème est de faire gagner le Tour de France à LeMond : ainsi, il fera connaître les produits diététiques La Vie Claire outre-Atlantique et deviendra le personnage incontournable du commerce franco-américain.

La première difficulté consiste à faire cohabiter Bernard Hinault et Greg LeMond. Tapie réussit à réaliser cette collaboration inattendue, presque contre nature, mais elle ne laissera que des regrets chez les deux coureurs. Au départ du Tour de France 1985, à Plumelec, en Bretagne, Bernard Hinault et Greg LeMond sont donc sous la même bannière. L'un comme l'autre ont accepté un étrange protocole. Aucune attaque entre eux, sauf si l'un ou l'autre est vraiment mal en point. Hinault tient bien le peloton. Il s'achemine vers un cinquième succès, quand une chute, à l'arrivée à Saint-Étienne, lui occasionne une fracture du nez. Pas question d'abandonner, bien sûr ! Mais Hinault doit maintenant composer avec des difficultés pour respirer, alors que le Tour approche des Pyrénées. Dans la montée de Luz-Ardiden, il peine. LeMond sollicite alors de son directeur sportif, Paul Koechli, l'autorisation de porter une offensive : « Il vaut mieux avoir deux chances de gagner le Tour qu'une seule », explique-t-il à Koechli. Le refus de ce dernier est net et sans détour. LeMond comprend aussitôt. Aux yeux de Tapie, celui qui doit gagner le Tour, c'est Bernard Hinault, ce n'est pas lui. Le soir, l'explication est vive entre Tapie, son état-major cycliste et ses deux coureurs vedettes. Il en résulte un accord qu'Hinault accepte, du bout des lèvres. Cette année, LeMond s'engage à ne rien faire pour empêcher Hinault de remporter son cinquième Tour ; mais l'an prochain, Hinault devra tout faire pour que LeMond soit vainqueur.

Ainsi en est-il. Hinault gagne le Tour mais, sur le podium, LeMond fait grise mine. Il a l'impression d'être passé à côté d'une victoire. Tapie, lui, parade à la télévision. On demande à Hinault s'il pense déjà à un sixième succès. Il répond que le temps est peut-être venu pour lui de faire profiter de son expérience à d'autres. Il n'en dit pas plus, vivement interrompu par Tapie : « Si Bernard annonce que c'est Greg qui gagnera, cela veut bien dire que, l'an prochain, Greg sera leader. » Inutile d'en demander plus. Tapie a parlé. Chenez, le dessinateur de *L'Équipe*, résume ainsi la situation : on voit Hinault pédaler sur les Champs-Élysées avec LeMond à ses côtés, en trottinette. Dans une bulle, Hinault déclare : « Si tu es sage, l'an prochain tu seras sur mon guidon », à quoi LeMond répond : « Merci, tonton Bernard ! »

Les mois passent. Voici le Tour 1986. À Boulogne-Billancourt, où est donné le départ, on annonce déjà un duel Hinault-Fignon pour la victoire finale. Greg LeMond est promu lieutenant d'Hinault, et Charly Mottet celui de Fignon. LeMond insiste pour dire et faire dire qu'il a le profil d'un vainqueur du Tour, mais il est peu entendu. Quant à Hinault, il a beau assurer que « cette année, c'est l'année Greg », personne ne le croit. Il est vrai que la présence de Tapie agace de plus en plus les observateurs et handicape sérieusement la crédibilité des deux coureurs. Dès le deuxième jour de course, le semblant de cohabition entre eux donne des signes de faiblesse. Au cours de l'étape contre la montre par équipes, Bernard Hinault, souffrant, relaye peu ses équipiers et leur demande même de ralentir. À l'arrivée, la formation La Vie Claire est devancée de près de deux minutes par les vainqueurs : les coureurs de Système U, l'équipe de Fignon. LeMond est fou furieux et le fait savoir vertement à Hinault, lequel décide aussitôt d'imposer son emprise sur le Tour. Chaque mètre de course sera désormais pour lui prétexte à lancer une offensive d'envergure. Dès lors, Hinault prend souvent la tête du peloton et dispute même les sprints intermédiaires, ce qui fait dire à Jacques Goddet :

« On adore Bernard Hinault ainsi, rouscailleur, pétardier, pédaleur d'orgueil. » Après l'étape contre la montre de Nantes, qu'il remporte, Hinault confirme : « Rien n'est réglé entre Greg et moi. La montagne décidera. »

Justement, la montagne, la voici : Bayonne-Pau, 218 km sur un itinéraire conçu par l'ancien coureur Jean Bobet, avec en particulier l'inédit col de Burdincurutcheta et le redoutable Marie-Blanque. À cent kilomètres de l'arrivée, Hinault demande à Jean-François Bernard d'accélérer l'allure, car il se prépare à attaquer. Et Hinault de quitter le peloton, accompagné du grimpeur espagnol Pedro Delgado. Greg LeMond est piégé, mais en fin d'étape, il roule à nouveau derrière Hinault pour, une fois encore « préserver une deuxième chance de gagner le Tour au lieu d'une ». La phrase fait sourire, et pourtant, à Pau, Bernard Hinault est maillot jaune avec plus de cinq minutes d'avance sur LeMond. Le lendemain, c'est Pau-Superbagnères par le Tourmalet, Aspin et Peyresourde. Hinault, une fois encore, bien que tout de jaune vêtu, se porte en tête de la course. Une attaque de grande envergure est lancée. LeMond n'y participe pas. Hinault veut, de cette manière, le terrasser définitivement. Mais le Breton est trop présomptueux. Ses forces l'abandonnent en fin d'étape. La montée vers Superbagnères est pour lui un calvaire. Pour l'Américain, c'est une délivrance ! Il gagne l'étape et, au classement général, il n'est plus qu'à une minute à peine d'Hinault. Le Tour se poursuit. Les deux hommes s'épient. Sur la route de Gap, Hinault tente une offensive pour laquelle il trouve des alliés ; parmi eux, l'Irlandais Stephen Roche. Mais LeMond trouve lui aussi des alliés. Lorsque Hinault réintègre le peloton, l'altercation est vive entre les deux coureurs. Tout le peloton est maintenant au courant de ce qui se chuchote, le soir, dans les chambres d'hôtel de La Vie Claire. Tapie, tout à la joie de la victoire d'étape de Jean-François Bernard, plastronne, une fois de plus, devant les caméras. Greg LeMond, plus discrètement, s'épanche devant l'objectif de la firme américaine CBS : « Bernard Hinault ne tient pas ses promesses », dit-il en substance. Tapie apprend cette révélation, ainsi que le coup de gueule au cours de l'étape. Aussitôt, il convoque une réunion au sommet dans l'un des salons de l'hôtel des coureurs. L'homme d'affaires tempête, vocifère, menace. Finalement, il distribue les rôles. Le soir même, il se fait inviter au journal de 20 heures d'Antenne 2 : il y ment effrontément, affirmant que l'ambiance est sereine au sein de sa formation et prétendant même : « Greg va gagner le Tour. Bernard n'est pas là pour gagner. Il est là en tant que coureur. » L'observateur sourit. Il n'a pas besoin de Tapie pour remarquer que, depuis le début de l'épreuve, jamais Hinault n'a été suivi par Paul Koechli, pourtant directeur sportif en titre, mais toujours par son adjoint, Maurice Le Guilloux.

Le lendemain de cette journée agitée, c'est l'étape Gap-Serre-Chevallier par les cols de Vars et d'Izoard. Hinault souffre du genou. Il songe même à abandonner. À l'arrivée, LeMond est maillot jaune, devançant Hinault, troisième, de deux minutes quarante-sept. En regardant LeMond endosser le maillot jaune, il lâche avec un sourire moqueur : « Il est bien mignon, le Greg, habillé en jaune. Finalement le jaune lui va bien au teint. » Le lendemain matin, Hinault est tout guilleret, joyeux, sûr de lui. Tapie, au contraire, incapable de se maîtriser, fait le coup de poing avec un journaliste d'Antenne 2 dont un commentaire lui a déplu. Avant de quitter l'hôtel, Hinault glisse à l'auteur de ces lignes : « Si tu veux t'amuser, attends-moi au sommet du Galibier, mais préviens ton motard que ce sera chaud. »

Hinault et LeMond n'ont plus qu'un seul adversaire à éliminer : le Suisse Urs Zimmermann. Au sommet du Galibier, Hinault se lance à corps perdu dans la descente. Avec l'âge, il a perdu une partie de ses qualités de grimpeur mais est devenu un redoutable descendeur. Sa parfaite connaissance du terrain lui permet de creuser rapidement des écarts importants. L'Espagnol Ruiz-Cabestany et le Canadien Bauer sont les seuls à le suivre. Sa trajectoire est parfaite. Dans tous les virages, les pots d'échappement des motos qui le suivent raclent le sol en faisant jaillir des gerbes d'étincelles. Assis sur la selle, il épouse les courbes de la route puis se met en danseuse à la sortie des virages pour relancer l'allure. Il donne l'impression de ne pas se servir de ses freins. Dans la longue ligne droite qui mène à Valloire, malgré les défectuosités de la route, il frôle les 100 km/h. Il traverse le village à une telle allure que les spectateurs ont à peine le temps de le reconnaître. Déjà commence la montée du Télégraphe, dans laquelle Bernard Hinault s'échappe.

À la tête d'un petit groupe de poursuivants, LeMond s'énerve. Plusieurs fois, il appelle Paul Koechli pour le consulter sur la stratégie à adopter, mais celui-ci est au téléphone. À qui téléphone-t-il ? On ne le saura jamais. De plus en plus énervé, LeMond décide de prendre la course à son compte. D'une très sèche accélération, il fausse compagnie au groupe des poursuivants. Zimmermann tente de le suivre, en vain. Dans la descente difficile et très technique du Télégraphe, l'Américain va aussi vite que le Breton et le rejoint dans la vallée de la Maurienne. À mi-montée du col de la Croix-de-Fer, Hinault et LeMond ouvrent seuls la route.

Dans la descente, Hinault prend la direction des opérations. À toute allure comme d'habitude, LeMond calé dans sa roue. Parfois même, le Breton frôle la caillasse, au cas où... Au pied de l'Alpe-d'Huez, la foule, dense, ne laisse qu'un étroit passage aux deux coureurs. Hinault est dans son élément. Lorsqu'il sent le public, proche de lui au point de pouvoir le toucher, qui hurle son nom, il est pris d'une sorte de griserie, comme l'acteur sur scène, qui lui fait donner le meilleur de lui-même. LeMond n'a pas peur de cette foule, mais elle l'inquiète. Il n'a jamais vécu une telle situation. Hinault s'en rend compte. « Reste dans ma roue », lui crie-t-il. Et LeMond d'obtempérer. Durant toute la montée, Hinault le précède. LeMond ne vient à sa hauteur qu'à proximité de la ligne d'arrivée, qu'ils franchissent presque main dans la main, un large sourire sur le visage. Le Tour chavire de bonheur. Hinault et LeMond ensemble à l'arrivée d'une étape mythique, comme Antonin Magne et André Leducq au Parc des Princes, en 1938.

« Ce n'est pas fini, assure Hinault, il reste encore une étape contre la montre et celle du Puy de Dôme. » Tapie obtient cependant, après une vive discussion avec Hinault, que celui-ci ne tentera rien dans le Puy de Dôme. Hinault promet, mais il gagne quand même l'étape contre la montre à Saint-Étienne. LeMond termine deuxième, à vingt-cinq secondes, après être tombé en abîmant ses freins pour avoir pris un virage trop vite, et avoir dû changer de machine.

À Paris, sur les Champs-Élysées, Greg LeMond est le premier Américain vainqueur du Tour de France. Pourtant, le héros du jour n'est pas à la joie. Greg LeMond est triste. Il sourit à peine et songe à quitter La Vie Claire au plus vite, car Tapie ne le paie qu'avec beaucoup de retard. Bernard Hinault assure avoir fait tout son possible pour apprendre à l'Américain à gagner le Tour « afin qu'il puisse en gagner beaucoup d'autres ». Quant à Greg LeMond, il rejoint une dernière fois les caméras de CBS : « Bernard Hinault, dit-il, n'a pas tenu ses promesses. Averti, j'aurais couru autrement. » À minuit, LeMond regagne ses appartements en compagnie de Kathy, sa femme, enceinte de six mois. Il « sèche » la traditionnelle visite aux cabarets. Pour Bernard Tapie, c'est l'échec total. Jamais il ne vendra ses produits aux États-Unis, et il s'apprête à quitter le cyclisme, « un sport de paysans », affirme-t-il. Quelques mois plus tard, au cours d'une fête mémorable, Bernard Hinault quitte le peloton professionnel. Deux mille cyclotouristes sont venus pour l'accompagner dans sa dernière course, chez lui, en Bretagne. Tous ceux qui ont compté dans sa vie cycliste sont là. Un seul manque : Greg LeMond. Il n'a pas été invité. Par la suite, Greg LeMond remporte encore à deux reprises le Tour tandis que Bernard Hinault, pour sa part, entre à la Société du Tour de France.

Cette année 1986, Bernard Hinault était-il plus fort que Greg LeMond ? Nul ne peut répondre à cette question, mais il est certain que LeMond a trouvé en face de lui un Bernard Hinault conditionné pour gagner.

1989

LAURENT FIGNON
Pour huit secondes...

Une fois son baccalauréat en poche, Laurent Fignon voulait être vétérinaire. C'est à cause d'une mauvaise orientation scolaire qu'il devient coureur cycliste. Deux ans plus tôt, par l'intermédiaire de son voisin Rosario Scolaro, il a pris sa première licence et a remporté chez les cadets sa première course, la première, d'ailleurs, à laquelle il participe. Les mois passant, les succès s'accumulent. Désormais, il court sous les couleurs de l'US Créteil et de l'équipe de France des amateurs. Le service militaire accompli, la faculté désertée, Laurent Fignon est maître de son destin. Cyrille Guimard, à l'époque directeur sportif de Bernard Hinault et grand dénicheur de talents, prend contact avec Fignon au début de l'année 1981. L'accord est rapidement conclu. En janvier suivant, Laurent Fignon devient coureur cycliste professionnel au sein de la formation Renault. Il n'a pas encore vingt-deux ans. Tout de suite, Fignon détonne dans le peloton professionnel. D'abord par ses qualités physiques. On se rend vite compte qu'il a « un gros moteur » et qu'il est prêt à assumer les tâches les plus rudes. Il surprend ensuite par ses propos. « Attaque » est son mot favori. Il ne conçoit pas le cyclisme sans offensive. Il surprend enfin par son apparence – des cheveux d'une belle couleur blonde, une paire de petites lunettes qui lui donnent un air sérieux – et par le contenu de sa valise, qui contient aussi bien les derniers romans de la littérature moderne que d'autres de périodes beaucoup plus anciennes. Doté d'un fort caractère – ce qui n'est pas pour déplaire à Guimard –, il n'a peur de rien et n'est jamais le dernier pour « chambrer » Bernard Hinault lors des repas de la formation Renault. Dès sa première année professionnelle, il dispute le Tour d'Italie, est maillot rose à Cortona et apporte ensuite une aide appréciable à Hinault lorsque ce dernier connaît un léger passage à vide dans les Dolomites. L'année suivante, Laurent Fignon fait connaissance avec le Tour d'Espagne. À Salamanque, Bernard Hinault est sur le point de perdre l'épreuve. Lors de la réunion traditionnelle durant laquelle on définit la tactique du jour, Fignon préconise une succession d'attaques visant à faire plier les uns après les autres les derniers adversaires d'Hinault. L'entreprise est acceptée... et réussie. Hinault gagne son second – et dernier – Tour d'Espagne.

Quelques semaines plus tard commence le Tour de France. Bernard Hinault, souffrant du genou, est absent. Laurent Fignon est co-leader avec Marc Madiot. Au début, les victoires de Dominique Gaigne et de Philippe Chevallier soudent les membres de la formation Renault. Mais dans les Pyrénées, le Tour éclate. Pascal Simon devient maillot jaune à Luchon en devançant de plus de quatre minutes Laurent Fignon, deuxième du classement général. Le lendemain, sur la route de Fleurance, peu après le départ, Simon tombe. Malgré une fracture de la clavicule, il poursuit sa route, toujours vêtu de jaune, jusqu'au pied des Alpes. Là, brisé par une souffrance autant morale que physique, il abandonne. À l'Alpe-d'Huez, Laurent Fignon est maillot jaune. Il n'a pas encore vingt-trois ans lorsqu'il gagne son premier Tour de France.

L'année suivante, il récidive. En 1984, l'essentiel de la compétition cycliste en Europe se joue dans le Tour d'Italie.

Fignon est maillot rose au départ de la dernière étape, disputée contre la montre sur un parcours de quarante-deux kilomètres. L'Italien Francesco Moser est deuxième du classement général : il a bénéficié de la trop grande générosité de l'organisateur qui, prétextant de mauvaises conditions atmosphériques, a gommé du parcours des difficultés importantes, dont le redoutable col du Stelvio. Sur le déclin de sa carrière, Moser s'est relancé grâce aux records de l'heure qu'il bat presque sur commande. Il entend bien faire figurer le Giro à son palmarès. Au départ de cette étape contre la montre, il chevauche une machine très semblable à celles qu'il a déjà utilisées dans ses précédents records. Elles sont particulièrement performantes. Laurent Fignon sait d'avance qu'il a perdu le Giro. Il termine deuxième, de l'étape et de l'épreuve. Cinq ans plus tard, l'histoire se répétera avec les mêmes conséquences.

Quand le départ du Tour de France 1989 est donné au Grand-Duché du Luxembourg, on annonce une lutte entre trois anciens vainqueurs : Laurent Fignon, Greg LeMond et Pedro Delgado. L'un vient de remporter Milan-San Remo et le Tour d'Italie, l'autre a terminé à la trente-neuvième place du même Giro et le dernier est le vainqueur sortant du Tour de France, grâce à un non-lieu prononcé en sa faveur – un produit qu'on lui reprochait d'avoir utilisé n'était en fait pas interdit à l'époque par l'Union cycliste internationale. Dès le prologue, Delgado s'élimine de lui-même de la lutte pour la victoire finale : il oublie l'heure et prend le départ avec près de trois minutes de retard sur l'horaire fixé. Le cinquième jour, on dispute une étape contre la montre de soixante-treize kilomètres entre Dinard et Rennes. LeMond devance Fignon et s'installe en tête de l'épreuve avec cinq secondes d'avance sur le Parisien. À cette occasion, l'Américain utilise sur son guidon un ingénieux accessoire inventé par un mécanicien américain, Scott, Régulièrement utilisé aux États-Unis par les triathlètes, il se fixe sur le guidon et permet au coureur d'adopter une position plus aérodynamique et de placer les bras beaucoup plus en avant qu'il ne le ferait normalement. C'est aussi un appui supplémentaire pour mieux écraser les pédales. L'équipe Renault, pourtant à l'affût de toutes les nouveautés techniques, ne réagit pas. Dans les Pyrénées, à Cauterets, l'Espagnol Miguel Indurain remporte la première étape de haute montagne. À Superbagnères, Fignon prend le maillot jaune avec sept secondes d'avance sur Greg LeMond. Le suspense est à son comble, soutenu par une couverture médiatique énorme. Sur la route de Marseille, devant un public considérable – c'est le 14 Juillet –, Fignon parvient presque à piéger LeMond, mais il doit renoncer *in extremis* : son compagnon d'échappée, Charly Mottet, ne se sent pas capable de mener à bien une telle offensive. Voici les Alpes. À Orcières-Merlette, LeMond prend le maillot jaune avec quarante secondes d'avance sur Fignon, puis cinquante-trois à Briançon le lendemain. Le chassé-croisé continue. À l'Alpe-d'Huez, Fignon redevient premier de l'épreuve, avec vingt-six secondes d'avance sur LeMond. Et ce n'est pas fini. Le Français n'ignore pas que son avance est insuffisante. Sur la route de Villard-de-Lans, sur le plateau du Vercors, il porte l'offensive et gagne l'étape en solitaire, repoussant l'Américain à cinquante secondes. Le butin est maigre.

Arrive le samedi 22 juillet. C'est la dernière étape. Xavier Louy, qui a tracé le parcours, a voulu fêter à sa manière le bicentenaire de la Révolution française en rappelant l'épisode du roi, de la reine et du petit mitron quittant le château de Versailles pour la prison de la Conciergerie à Paris. Dans le TGV qui transporte la caravane de Lyon à Paris, on remarque l'irascibilité de Laurent Fignon : il s'emporte pour un rien, contre n'importe qui. Greg LeMond, au contraire, est souriant, affable, voire rieur. Chez Renault, tout est prêt pour fêter avec faste le troisième succès de Fignon dans le Tour. On réserve un cabaret entier afin d'accueillir le plus grand nombre d'amis. Le soir, au Sofitel de la porte de Sèvres où sont logés les coureurs, Nathalie Fignon porte à son champion de mari un costume, une chemise, une cravate et des chaussures. Il faut être présentable le lendemain pour les cérémonies officielles. Fignon est toujours de mauvaise humeur. En réalité, il souffre beaucoup. Il ressent une douleur sourde, lancinante, à l'endroit même où il est assis sur sa selle. Depuis vingt-quatre heures, Armand Mégret, médecin de l'équipe, applique des pommades mais la douleur ne disparaît pas. Le dimanche 23 au matin, Laurent Fignon part s'entraîner. C'est la catastrophe. Le coureur ne peut s'asseoir sur la selle. Il va falloir composer avec cette douleur, courir avec cette douleur.

L'avance de Fignon sur LeMond au classement général étant de cinquante secondes, et le parcours, long de vingt-cinq kilomètres, on estime avec bon sens chez Renault qu'il ne faut pas perdre plus de deux secondes au kilomètre. Greg LeMond prend le départ avec son fameux guidon Scott. Sur ce parcours uniformément plat, il écrase les pédales, emmenant un énorme braquet de 54 x 12, qui lui fait parcourir plus de neuf mètres à chaque tour de pédale. Comme il l'a demandé, on ne lui communique aucun temps de référence. Greg LeMond est seul avec sa machine, seul avec lui-même. Il sait toutefois, qu'il a une chance, infime certes, mais une chance tout de même, de remporter le Tour une nouvelle fois. Laurent Fignon, de son côté, se bat aussi contre lui-même, mais son style manque de fluidité. Son aérodynamisme n'est plus assuré. De temps à autre, il se replace sur sa selle, provoquant sur son visage un étrange rictus. La douleur est de plus en plus vive. À trois kilomètres de l'arrivée, à l'entrée dans Paris, Cyrille Guimard, le directeur sportif de Fignon, a compris. Il ne communique plus aucun écart à son coureur. Dans l'aire d'arrivée, LeMond, son fils dans les bras, tente en se haussant sur la pointe des pieds d'apercevoir Fignon qui en termine avec le Tour de France. Fignon franchit la ligne. Il s'arrête aussitôt. Il descend de machine avec peine et s'assied à même la chaussée, prostré, le maillot largement ouvert, la tête vide. Laurent Fignon sait qu'il vient de perdre le Tour de France. Daniel Mangeas, speaker du Tour, donne les temps.

Vingt-six minutes cinquante-sept secondes pour LeMond, vingt-sept minutes cinquante-cinq pour Fignon : cinquante-huit secondes d'écart. Pour huit secondes, Laurent Fignon perd le Tour au profit de Greg LeMond.

L'Américain hurle de joie. On se précipite autour de lui. Dans la salle de presse, les journalistes, qui avaient déjà écrit leur papier sur le troisième sacre du Parisien, recommencent à gratter. Sur le podium, Fignon, le visage triste et un sentiment de déception immense au cœur, ne peut que souffler à LeMond : « C'est la course ! » Pourtant, trois heures plus tard, dans un cabaret parisien tout proche de la ligne d'arrivée, Laurent Fignon, animateur infatigable et joyeux drille, réussit à faire une véritable fête à ses amis. Sans doute estime-t-il que sa mésaventure ne concerne que lui : l'essentiel est de récompenser tous les membres de son équipe pour le soutien sans faille qu'ils lui ont apporté depuis le début de la saison.

Durant de longs mois, Laurent Fignon, parisien de souche, n'a pu traverser les Champs-Élysées. Encore maintenant, alors que près de quinze ans ont passé, il n'emprunte cette avenue en voiture que contraint et forcé. Quant à ses rapports avec Greg LeMond, ils sont restés longtemps tendus, d'autant que l'Américain, en cette fin de saison de 1989, a soufflé de justesse à Fignon la victoire dans le championnat du monde.

Après sa carrière, Laurent Fignon est resté dans le cyclisme. Il a tout d'abord organisé des cyclo-sportives dans la région parisienne, puis a commenté les principales épreuves du calendrier pour Eurosport. Il a ensuite présidé aux destinés de Paris-Nice avant de revendre l'épreuve à ASO et de devenir, sur France Télévisions, un consultant avisé et apprécié. Il est également devenu directeur d'un hôtel-restaurant à Bagnères-de-Bigorre, destiné à ceux qui désirent perfectionner leurs qualités physiques en montagne. Malheureusement, un cancer contre lequel il a lutté avec courage est venu perturber ses projets. À l'automne dernier, il a rejoint le paradis des cyclistes.

1991

MIGUEL INDURAIN
Froideur et lucidité

Miguel Indurain n'est pas un expansif. Jamais il n'a célébré de façon ostentatoire ses victoires. Pourtant, elles sont nombreuses, et parmi elles, cinq Tours de France consécutifs. Miguel Indurain est calme de nature. Sur son vélo, il a toujours fait preuve d'une certaine froideur et d'une grande lucidité devant les événements. C'est ce qui lui a permis de remporter ses victoires. Il a appris le métier de coureur cycliste avec patience, métier auquel, pourtant, rien ne le prédestinait.

Miguel Indurain naît le 16 juillet 1964. Il est l'aîné d'une famille de cinq enfants. Ses parents exploitent une ferme à Villava, petit bourg navarrais de sept mille habitants aux environs de Pampelune. Si, à l'âge de dix ans, il reçoit de ses parents une magnifique bicyclette, c'est pour rentrer de l'école au plus vite et aider son père aux travaux des champs. Sportif, il s'essaie un peu au football, au basket-ball et à l'athlétisme. Il est même champion de Navarre du 400 mètres. À douze ans, il signe sa première licence au club de Villaves et rencontre son premier éducateur, Pepe Barusso. Première année de compétition : trente-deux victoires. Le petit Indurain commence à aimer le cyclisme à tel point qu'à seize ans, il quitte définitivement l'école pour se partager entre le cyclisme et le travail de la ferme. Pepe Barusso, qui ne veut pas voir son protégé s'étioler dans des courses de second ordre alors qu'il devine en lui des qualités exceptionnelles, le présente à José-Miguel Echevarri, un ancien coureur, équipier de Jacques Anquetil, qui préside aux destinées de la formation Reynolds. Après six mois d'attente, Indurain intègre l'équipe des jeunes de Reynolds et devient champion d'Espagne des amateurs. Il participe à deux reprises au Tour de l'Avenir, où il remporte quatre victoires d'étapes, dont deux contre-la-montre. À vingt ans, il est le plus jeune coureur professionnel du peloton espagnol. Ses capacités physiques étonnent : sa capacité pulmonaire atteint huit litres d'air, et son cœur, vingt-huit pulsations à la minute. Le médecin de l'équipe, le professeur Conconi, le trouve trop lourd. Miguel perd donc cinq kilos, améliorant ainsi ses performances en montagne. En 1985, à vingt et un ans, il dispute son premier Tour de France. L'apprentissage est difficile. Il accuse six minutes de retard dès la première étape. Lorsqu'il quitte le Tour, le quatrième jour, il est déjà à un quart d'heure des premiers au classement général. Mais il ne renonce pas pour autant, et revient les années suivantes. En 1986, il attire l'attention en terminant treizième de l'étape contre la montre à Nantes. Mais il abandonne deux jours plus tard, dans la douzième étape, Bayonne-Pau, ainsi que seize autres concurrents. En 1987, il parvient à terminer son premier Tour : il est quatre-vingt-dix-septième. José-Miguel Echevarri lui écrit : « Maintenant, tu es un vrai coureur ! » Les trois années suivantes, Miguel Indurain est au service de Pedro Delgado. Ce dernier remporte le Tour en 1988, manque le départ du prologue en 1989, mais accède tout de même à la troisième place du podium final. Cette année-là, Indurain est dixième : il a remporté un véritable triomphe dans la difficile étape de montagne de Luz-Ardiden.

En 1991, Miguel Indurain a un statut particulier au sein de la formation Reynolds, devenue Banesto. Certes, Delgado est toujours leader, mais le Navarrais peut désormais jouer sa propre carte. Côté machine, c'est le règne de la technologie. Les roues libres sont dotées de huit pignons, qui offrent seize vitesses au coureur ; les casques ont adopté une forme aérodynamique ; l'appui dorsal sur la partie la plus large de la selle est d'un usage courant ; les boyaux sont à section fine et les roues à bâtons ; on fixe sur le guidon un accessoire supplémentaire qui permet au coureur de mieux faire corps avec sa machine et de pénétrer plus efficacement l'air. Pendant l'intersaison, les essais en soufflerie sont nombreux.

Dès le départ, à Lyon, on pressent que ce Tour 1991 sera singulier. Les favoris sont nombreux. Le deuxième jour, Greg LeMond, vainqueur sortant, mène une échappée. Il devance de près de deux minutes tous les favoris sur la ligne d'arrivée. En coulisses, on s'agite beaucoup. Dans la formation Castorama, on a demandé à Laurent Fignon de ne pas participer au Tour pour laisser plus d'espace aux prouesses attendues du jeune Luc Leblanc. Fignon a refusé, et l'ambiance dans l'équipe est détestable. Quant à l'Italien Claudio Chiapucci, il clame haut et fort, parfois même en raillant, que LeMond ne l'empêchera pas de gagner le Tour. Au moment du départ de l'étape contre la montre par équipes, l'Irlandais Stephen Roche, vainqueur du Tour de 1987, s'élance sept minutes après ses coéquipiers. On murmure que c'est intentionnel, qu'il veut cacher sa mauvaise condition physique.

Fidèle à son personnage, Miguel Indurain se tient en dehors de ces polémiques. Il attend son heure et s'applique, en ce début d'épreuve ultra-rapide, à éviter les pièges. Toujours aux avant-postes, il est entouré de deux, voire trois équipiers. Sur la route de Dijon, dans la côte de Champillon – côte de troisième catégorie –, il porte une attaque. Seul Chiapucci a pu le suivre. Bientôt les deux hommes rentrent dans le rang, mais Indurain, en son for intérieur, n'est pas mécontent de son accélération. Les jambes tournent bien. Cinq jours plus tard, c'est l'étape contre la montre Argentan-Alençon. Le parcours, long de soixante-treize kilomètres, est sinueux et exige une multitude de petites montées. Bien que le Hollandais Erik Breukink parte grand favori, c'est Indurain qui remporte l'étape. Il a beaucoup mieux utilisé les difficultés du parcours, notamment dans la deuxième partie de la course. LeMond redevient maillot jaune, mais Miguel Indurain se place à une minute quarante-sept seulement de l'Américain. Sur le podium, Indurain sourit. Le plus dur est encore à venir, mais l'Espagnol semble sûr de lui. En Bretagne, toute l'équipe hollandaise PDM abandonne. Les coureurs sont fiévreux. L'un d'eux, Nico Verhoeven, doit même être hospitalisé. On sous-entend que des injections de glucose n'ont pas été faites suivant les règles de la stérilisation. On parle à mots couverts d'une molécule, l'érythroproïetine – aujourd'hui plus connue sous le nom d'EPO –, dont beaucoup ignorent l'existence, malgré un récent article du journaliste Philippe Brunel sur le sujet publié dans *L'Équipe*. Miguel Indurain, lui, se souvient bien, pour l'avoir vécu de très près, du cas « positif-négatif » de Pedro Delgado en 1988 : Delgado, en effet, avait utilisé un diuritique autorisé par l'Union cycliste internationale, mais interdit par le Comité olympique international. Il avait été déclaré négatif par l'un et positif par l'autre. Indurain ne souffle mot. Il se concentre exclusivement sur la suite du Tour, qui approche des Pyrénées avant de traverser les Alpes.

Les Pyrénées sont franchies en deux jours, à travers les cols du Soudet, d'Ichère et du Somport. L'équipe française triomphe : Charly Mottet remporte la victoire d'étape Pau-Jaca, et Luc Leblanc devient maillot jaune. Le lendemain, c'est Jaca-Val Louron par les cols d'Aubisque, du Tourmalet et d'Aspin. C'est la canicule. C'est aussi le début de la grande valse des leaders. Écrasé de chaleur, le peloton grimpe l'Aubisque avec peine. Les meilleurs sont devant. Derrière, c'est la débandade. Aux abords du sommet du Tourmalet, Chiapucci, qui n'a plus pour seule ambition que le classement des grimpeurs, se détache, passe en tête sous la banderole et disparaît dans la descente. LeMond ne réagit pas. Sitôt le sommet franchi, Indurain se détache dans la descente. Tout de suite, on remarque son application : trajectoires idéales, relances immédiates à la sortie des virages, utilisation d'un grand braquet. Indurain, réputé jusque-là pour ses qualités de rouleur, se révèle être un descendeur remarquable. Dans la montée d'Aspin, il rejoint Chiapucci.

Les deux hommes décident aussitôt de collaborer. Ils ont vite compris que le Tour est en train de basculer en leur faveur. À l'arrivée, Chiapucci devance Indurain, de peu. Bugno est à une minute vingt-neuf, Fignon à deux minutes cinquante, LeMond à sept minutes dix-huit, Delgado à quatorze minutes, et le dernier de l'étape, le Hollandais Veenstra, à cinquante minutes. Indurain endosse le premier maillot jaune de sa carrière.

Désormais, il est prêt à assurer la relève de celui qui lui a tant appris, Pedro Delgado. Podium, protocole, interviews à la télévision espagnole, conférences de presse se succèdent. Comme d'habitude, le nouveau porteur du maillot jaune n'est pas d'une folle exubérance. On commence pourtant à croire en sa victoire finale, tant il a fait impression. Pour sa part, il sait qu'il a encore du pain sur la planche. D'ailleurs, dès le lendemain, sur la route de Gap, une échappée se forme avec Fignon, Bugno et Chiapucci, alors qu'Indurain reste englué dans une gigantesque plaque de goudron liquide à laquelle il n'a pas pris garde. Aidé par tous ses équipiers, il lui faudra plus d'une heure pour rétablir la situation. Voici maintenant l'Alpe-d'Huez, l'une des étapes les plus mythiques du Tour. Dès les premiers lacets, Bugno porte une violente offensive, suivi par Indurain et Leblanc. L'Italien imprime un train d'enfer. Indurain, l'air dégagé, ne décroche pas. Il suit, malgré les nombreux changements de rythme. Là encore, il se montre d'une lucidité sans faille : « C'est l'artisan placide », écrit Pierre Chany dans *L'Équipe*. Bugno gagne l'étape devant Indurain et Leblanc. Le maillot jaune est bien consolidé. Désormais, dans le peloton, tout le monde reconnaît la supériorité de l'Espagnol. Dans la dernière étape des Alpes – Bourg-d'Oisans-Morzine par les cols des Aravis, de la Colombière et de Joux-Plane –, seul Laurent Fignon tente à deux reprises de fausser compagnie au groupe de tête. Indurain riposte avec facilité.

Enfin, victorieux contre la montre à Mâcon, Miguel Indurain devient, à vingt-sept ans, le quatrième Espagnol après Frederico Bahamontes (1959), Luis Ocana (1973) et Pedro Delgado (1988) à remporter le Tour de France. Sur les Champs-Élysées, on chante, on danse, on boit en son honneur. Par cars entiers, ses compatriotes, notamment ceux de Navarre, sont venus le fêter. Mais ce soir-là, comme tous les autres soirs, Miguel Indurain ne s'est pas trop épanché. Par la suite, il augmente son palmarès, remportant cinq années de suite le Tour de France. On lui reproche de trop calculer, de tout miser sur les étapes contre la montre pour asseoir ses succès et de se contenter de maîtriser ensuite la situation dans la montagne. À deux reprises, il remporte le Tour d'Italie, puis le Critérium du *Dauphiné Libéré* ; il est champion du monde et champion olympique du contre-la-montre. Il bat également le record de l'heure.

En 1996, fatigué par une carrière extrêmement remplie, il refuse de disputer le Tour d'Espagne, le seul Tour national qu'il n'ait jamais gagné. Son sponsor l'y contraint. Mais le 26 septembre, lors de l'étape de Cavadonga, il perd pied dans l'avant-dernier col de la journée, l'Alto Mirador del Fito, et regagne directement son hôtel. Le 2 janvier suivant, au cours d'une conférence de presse, il annonce son retrait de la compétition cycliste. La firme ONCE est prête à casser sa tirelire pour le faire revenir sur sa décision. Il refuse. Depuis ce jour, Miguel Indurain fait de temps à autre de courtes apparitions sur les événements cyclistes. On lui prête beaucoup d'activités. En réalité, loin de la foule et de son effervescence, il coule des jours heureux, en famille, chez lui, en Navarre.

Placide et froid il était. Placide et froid il est resté.

1998

LE TOUR VACILLE SUR SES BASES

Cette année-là, et pour la première fois de son histoire, le Tour prend son envol en Irlande, à Dublin. L'avant-veille de l'épreuve, une rumeur vite confirmée circule dans la salle de presse. Willy Voet, un des soigneurs de la formation Festina, est au secret entre les mains des douaniers de Lille depuis près de 48 heures. Après un long trajet au volant d'une voiture affectée à son équipe par l'organisation du Tour, qui le conduit tour à tour en Suisse, en Allemagne, en Belgique puis en France, Willy Voet s'apprête à prendre le bateau à Calais pour rejoindre Dublin. Il est intercepté par les douaniers peu après la frontière belgo-française, non loin de Valenciennes, au lieu-dit le « chemin des Contrebandiers ». Dans la voiture, les douaniers trouvent un stock important de produits dopants, notamment de l'EPO et des hormones de croissance.

Tout de suite, l'affaire prend de l'ampleur à Dublin, d'autant plus que Marie-George Buffet, ministre des Sports depuis peu, est présente, confirmant ainsi que la lutte anti-dopage sera l'une des actions principales de son ministère.

En France, l'intérêt est faible. Il ne va pas tarder à grandir. La France du sport a les yeux rivés sur l'équipe nationale de football qui, le jour de la première étape, doit disputer la finale de la Coupe du Monde face à la formation brésilienne. Les coureurs français présents à Dublin parlent d'ailleurs beaucoup plus de cette rencontre que du Tour.

Chez Festina, la consigne est la suivante : à toute question, répondre que l'équipe est au complet à Dublin et que tout le matériel nécessaire, en particulier les voitures, est bien arrivé en Irlande. Dès le prologue, on constate l'absence de Willy Voet, toujours présent sur les lignes d'arrivée pour accueillir ses coureurs. Le mensonge n'est plus possible. Festina ne sait pas et ne peut pas continuer à vivre ainsi. Le scandale éclate. Il éclate d'autant plus fort que Festina n'est pas n'importe quelle équipe. Dirigée par Bruno Roussel, auquel le milieu cycliste reproche de ne pas faire partie du sérail, cette équipe, dont le siège social est en Andorre, est spécialisée dans l'horlogerie et la bijouterie, et déclare vendre ses produits dans 60 pays. Son unique but est de remporter le Tour de France. Pour ce faire, elle présente ses meilleurs coureurs, Alex Zülle, le Suisse qui vient d'échouer au Tour d'Italie pour des raisons inexpliquées, et Richard Virenque, le meilleur coureur français, l'idole du cyclisme national, qui peut enfin penser à une victoire dans le Tour.

L'équipe de France gagne la Coupe du Monde de football. La caravane du Tour regagne la France pour la troisième étape, Roscoff-Lorient. Une perquisition en règle des véhicules des équipes à leur arrivée au port est annulée au dernier moment. Le feu couve sur le Tour. La suspicion est partout. En arrivant en France, les coureurs qui ont été privés de journaux, d'émissions de radio et de télévision en langue française lors de leur séjour en Irlande découvrent que ce qu'il est convenu de nommer désormais « l'affaire Festina », loin d'être occultée par le résultat du football et la liesse qu'il engendre, devient le grand sujet de l'actualité. L'atmosphère devient lourde. Les rapports entre les coureurs et les journalistes se tendent. On se parle à peine.

Le lendemain, à Cholet, sur le parking où les directeurs sportifs stationnent après l'arrivée en attendant leurs coureurs, des inspecteurs du SRPJ de Lille interceptent Bruno Roussel, directeur sportif de Festina, et Eric Ryckaert, le médecin belge de l'équipe. Conduits au commissariat de la ville, ils sont aussitôt mis en examen et conduits à Lille pour être entendus par le juge Patrick Kiel, chargé de l'instruction de l'affaire.

Si Roussel est connu du milieu cycliste, il n'en est pas de même de Ryckaert. Peu nombreux sont ceux qui se souviennent qu'il faisait partie de l'équipe médicale PDM, une formation contrainte de quitter le Tour à Quimper en 1991, victime d'un « syndrome grippal » alors qu'il s'agissait de l'utilisation d'un produit dopant mal conservé. C'est à ce moment-là que qulques médecins du sport ont commencé à parler de l'utilisation de l'EPO par certains coureurs.

Après une traumatisante perquisition dans leurs chambres d'hôtel, les coureurs de Festina, complètement déboussolés, continuent leur route sous la direction de Michel Gros, appelé à la hâte pour suppléer Bruno Roussel. Le Tour est abasourdi. Les étapes de Châteauroux et de Brive se disputent dans l'indifférence générale. Elles se terminent toutes deux par un sprint massif remporté par l'italien Mario Cipollini.

À Brive, en ce vendredi 17 juillet, les informations en provenance de Lille sont graves. Devant le juge Kiel, Roussel et Ryckaert ont parlé. Ils ont confirmé que le dopage avait cours au sein de la formation Festina et qu'il y était même organisé. Le communiqué officiel fait part « d'organisation d'approvisionnement des coureurs en produits dopants sous strict contrôle médical ».

Aussitôt, Bruno Roussel est rayé des listes de l'Union Cycliste Internationale, tandis qu'à 22 h 50, après une longue attente, Jean-Marie Leblanc, directeur du Tour, annonce en salle de presse l'exclusion du Tour de toute l'équipe Festina, coureurs et encadrement. Jean-Marie Leblanc prend cette décision seul, bien qu'étant ce soir-là l'hôte de Jacques Chirac au château de Bity. Seul, parce que toutes les têtes pensantes de l'UCI sont à Cuba pour des championnats juniors et se dérobent devant leurs responsabilités. Seul, parce que ce soir-là, il sait très bien que l'exclusion des Festina ne résoud pas le problème du dopage, bien au contraire. L'avenir prouvera en effet que des présumés innocents ont pu continuer à courir sans être inquiétés. Mais cela, pas un officiel ne veut le déclarer publiquement et prendre les dispositions qui s'imposent. L'Union Cycliste Internationale est débordée par l'ampleur du sujet.

Les coureurs Festina refusent cette sanction. Ils veulent prendre le départ de l'étape du lendemain, une étape contre la montre qui se déroule dans le fief électoral de madame Bernadette Chirac (qui a d'ailleurs montré à l'inter-saison le parcours à Richard Virenque et à Bruno Roussel). D'abord divisés, les coureurs sont maintenant unanimes. Ils se rendent au départ, à Meyrignac-l'Église à bord des voitures de l'équipe. En cours de route, Richard Virenque appelle Jean-Marie Leblanc. Il veut entendre le directeur du Tour lui confirmer la sanction, et au besoin plaider la cause de l'équipe. Rendez-vous est pris dans un bar, Chez Gillou, le seul du village. Les Festina arrivent les premiers. Le patron les installe dans l'arrière-salle. Jean-Marie Leblanc arrive, tendu. Il fend la foule, pénètre dans l'arrière-salle et referme la porte derrière lui. L'entretien avec les Festina est bref. Quelques minutes. Que se disent-ils ? Pas grand-chose. Les aveux de Roussel et Ryckaert sont si explicites. Tout juste sait-on que Virenque est tombé dans les bras de Leblanc en pleurant. Les deux hommes ont pleuré. Toute l'équipe a pleuré elle aussi. Leblanc parti, Virenque, entouré de ses équipiers, enregistre pour les médias une courte déclaration qu'il peut à peine terminer, hoquetant de sanglots.

Le public ne comprend pas. On vient de lui enlever son hochet, Richard Virenque. On vient de toucher à son passe-temps favori du mois de juillet depuis plus d'un siècle, le Tour de France. De Brive à Montauban, les photographes s'en donnent à cœur joie. Les pancartes louangeant les Festina et Virenque fleurissent un peu partout. Quant à la caravane publicitaire Festina, elle n'a jamais été aussi applaudie.

Et le Tour de continuer sa route. Difficile toutefois de s'intéresser à la victoire du Français Jacky Durand à Montauban, du Hollandais Van Bon à Pau, de l'Italien Massi Luchon et de son compatriote Marco Pantani au plateau de Beille. Les journaux regorgent d'informations les plus contradictoires sur le dopage. Certains vont même jusqu'à demander la suppression du Tour. Un nombre important de journalistes viennent sur le Tour pour, à la demande de leur rédaction, jouer les Zorro ; d'autres pour officier en tant que Monsieur Propre. L'atmosphère est irrespirable.

Les coureurs sont excédés. Deux événements vont faire trembler le Tour sur ses bases. Tout d'abord, le soir de l'étape du plateau de Beille, Antenne 2, chaîne de télévision partenaire du Tour, diffuse avec l'accord de la police un reportage montrant les objets jetés dans les poubelles d'une équipe. Ce sont bien sûr des emballages de médicaments et de seringues.

Dans le même temps, la police investit à Pamiers l'hôtel de la formation TVM, une équipe hollandaise, et perquisitionne dans les chambres des coureurs et de l'encadrement, ainsi que dans les véhicules. Elle place en outre en garde à vue le directeur sportif Cees Priem et le docteur Mihailov, médecin attitré de l'équipe. Cette perquisition fait suite à une saisie de 104 seringues d'EPO dans un camion de la formation TVM, en mars, lors d'un banal contrôle routier. Le parquet de Reims, saisi de l'affaire, ne prend pas ce dossier au sérieux et le confie à des subalternes. Six mois plus tard, ce dossier ressort du placard où il était enfermé sans doute pour longtemps.

Convaincus d'être les jouets de tous, les coureurs se révoltent. Alors que le départ de la 12e étape, Tarascon-sur-Ariège-Cap d'Agde, est sur le point d'être donné, les 148 coureurs qui composent encore le peloton mettent pied à terre. Ils ne veulent plus de cette situation. Certains veulent rentrer chez eux, d'autres veulent finir le Tour, d'autres encore sont indécis. Les discussions s'engagent avec les directeurs sportifs. Elles sont animées. Laurent Jalabert est nommé porte-parole du peloton. Au micro de Radio-Tour, il lance : « Vous nous traitez comme du bétail. À partir de maintenant, vous aurez une course de bétail. » Les discussions durent deux heures. À aucun moment, Jean-Marie Leblanc, malgré « d'amicales pressions », ne veut procéder à l'arrêt du Tour et surtout pas sur une route de campagne. Deux heures plus tard, le peloton se regroupe. Il prend enfin la route du Cap d'Agde.

Aux Deux-Alpes, dans des conditions climatiques détestables, Marco Pantani enlève l'étape, endosse le maillot jaune et relègue l'Allemand Ullrich à près de neuf minutes. Le lendemain, à Albertville, Ullrich gagne l'étape devant Pantani. Ce formidable duel passe presque inaperçu. La justice, dont on commence à croire qu'elle est beaucoup plus forte pour assurer le spectacle que pour traquer les trafiquants, fait encore parler d'elle. Elle place en garde à vue l'Italien Massi, meilleur grimpeur du Tour, et ne le libère que 24 heures plus tard, alors que le Tour est déjà loin. Un mois plus tard, la même justice lui fait savoir qu'elle n'a rien à lui reprocher.

Dans le même temps, la police perquisitionne toujours sans rien trouver auprès de la formation espagnole ONCE (celle de Laurent Jalabert), tandis que, sous le contrôle d'une quarantaine de policiers, cinq coureurs de la formation TVM sont conduits à l'hôpital Pierre de Coubertin d'Albertville. Ils y sont interrogés et subissent des prélèvements d'urine, de sang, de salive et de cheveux. À 22 h 30, le médecin-opérateur quitte l'hôpital par la grande porte. Il est seul et tient à la main une petite valise contenant les prélèvements. Aussi goguenard que les journalistes, il s'enfonce dans la nuit, toujours sans aucune protection policière. À minuit trente, les coureurs sont libérés, entourés d'une quarantaine de policiers pour les empêcher de s'entretenir avec les journalistes, et regagnent leur hôtel à la hâte. Il ne leur sera jamais reproché quoi que ce soit.

Le lendemain, au départ d'Albertville, le suiveur écarquille les yeux. Un peu à l'écart du village-départ se tient Willy Voet, celui par qui le scandale est arrivé. Libéré depuis peu de la prison de Loos-les-Lille, Voet va « suivre » l'étape, loin devant la course. Étrange sensation. Ce jour-là, en effet, le Tour a bien failli s'arrêter définitivement.

À une allure plus que réduite, le peloton quitte Albertville. Personne n'a envie de « faire la course ». Le peloton discute à n'en plus finir. Les événements de la veille ont traumatisé tout le monde, d'autant plus que d'autres perquisitions sont annoncées pour le soir même à Aix-les-Bains. Au kilomètre 32, le peloton s'arrête. Laurent Jalabert monte dans la voiture de son directeur sportif et quitte le Tour, entouré de ses équipiers. « Je n'ai plus rien à faire dans ce Tour, dit-il. J'en paierai peut-être un jour les conséquences. Tant pis. »

Promu porte-parole des coureurs, le Danois Bjarn Rijs exhorte Jean-Marie Leblanc à obtenir des autorités judiciaires qu'elles se comportent avec les coureurs avec dignité car, ajoute Rijs, « aucun d'entre nous n'a tué père et mère ».

Jean-Marie Leblanc s'éloigne alors de la course pour être au calme, loin de tous. Il revient au kilomètre 39 alors que le peloton observe une nouvelle halte. Tout le monde se rassemble autour des voitures et l'on entend, sur les ondes de Radio Tour, Jean-Marie Leblanc prononcer les paroles suivantes : « Les coureurs sont traumatisés par les conditions dans lesquelles certains d'entre eux ont été entendus, soumis à des examens, des contrôles, ou bien ont eu leurs valises retenues ou ouvertes par les Douanes. Je regrette profondément les formes dans lesquelles se sont déroulées ces opérations. C'est la raison pour laquelle, puisqu'il doit encore y avoir, paraît-il, quelques auditions, je me suis avancé pour prendre toutes garanties, pour que les opérations se fassent dans des conditions dignes d'athlètes de haut niveau. Je vous demande, messieurs les directeurs sportifs, messieurs les coureurs, mes amis, de reprendre la route ; et, lorsque j'aurai des assurances sur les conditions dans lesquelles quelques-uns d'entre vous seront entendus ce soir, je vous les donnerai. Et la course alors pourra reprendre ses droits ».

Jean-Marie Leblanc est entendu. Le peloton rassuré repart, mais à allure réduite. Personne n'a le cœur à l'ouvrage. Au kilomètre 80, au contrôle de ravitaillement, deux équipes mettent pied à terre et regagnent leur hôtel, l'espagnole Banesto et l'italienne Riso Scotti. La direction du Tour ne dit rien. Il reste encore 101 concurrents en course. À 19 h 30, ils franchissent la ligne d'arrivée, les coureurs de TVM en tête du peloton.

Il reste encore trois étapes pour rejoindre Paris. Le Tour est sauvé. On se rend alors compte que durant ces trois semaines, Jean-Marie Leblanc est resté un homme seul. Seul pour assurer la survie de la plus grande épreuve cycliste du monde. Seul pour obtenir des informations, car jamais la police n'a daigné prendre contact avec lui ou avec son entourage. Seul à se rendre compte que toutes les analyses effectuées durant ce Tour ont toutes donné le même résultat : négatif. Le problème est donc ailleurs. Il est entre les mains des plus grands experts de la médecine.

Marco Pantani, vainqueur de ce Tour de France, décède quelques années plus tard, abandonné de tous et victime d'une overdose. Quant au Tour de France, grâce à Jean-Marie Leblanc, il existe toujours et suscite même un engouement chaque année grandissant.

1998

LE DOPAGE
Le cancer du sport

Le mot *dop* (ou *dope*) est apparu pour la première fois dans un dialecte bantou d'Afrique du Sud. Dès le XVIIe siècle, il désignait une boisson consommée lors des cérémonies d'initiation, contenant des extraits de cola, de l'alcool et du venin de papillon. En 1889, le mot *doping* est utilisé pour la première fois en Angleterre, dans un dictionnaire : c'est un mélange d'opiacés et d'analgésiques destiné aux chevaux de course.

Depuis la nuit des temps, l'homme utilise des substances pour améliorer son potentiel physique. Dans la Chine antique, trois mille ans avant notre ère, on utilisait déjà l'éphédra pour ses vertus stimulantes. Dans l'Antiquité grecque, le lutteur Milon de Crotone, premier athlète olympique dont on ait gardé mémoire, ingurgitait, dit-on, des quantités considérables de testicules de taureau pour augmenter sa force. À la même époque, les athlètes spécialistes du saut absorbaient de la viande de cabri ou de chèvre, tandis que ceux qui pratiquaient le lancer se contentaient de viande grasse comme celle de porc. Un peu plus tard, on fit boire aux coureurs de fond des décoctions à base de champignons : en contractant leur rate, elles leur permettaient de courir de longues distances.

Le sport de compétition tel que nous le connaissons actuellement apparaît vers la fin du XIXe siècle aux États-Unis et en Angleterre, lorsque l'on commence à organiser des courses cyclistes de six jours et six nuits sans interruption. Pour aider les coureurs à tenir le plus longtemps possible, on leur donne des mixtures faites à base de caféine et de morceaux de sucre imbibés d'éther[1].

Les scandales liés au dopage de sportifs sont légion, tout au long du siècle dernier. Ainsi, avant de mourir, l'athlète italien Pietro Dorando avoue s'être dopé pour gagner le marathon des Jeux Olympiques de 1908. À l'occasion d'une rencontre de football France-Belgique, en 1913, on essaie des produits sur les joueurs des deux équipes pour mesurer leur effet sur la résistance humaine... en prévision de la guerre qui gronde déjà et qu'on annonce physiquement épuisante. Lors des Jeux Olympiques d'Amsterdam, en 1928, un soupçon de dopage plane sur les athlètes britanniques. Les Japonais, après la guerre de 1940, légalisent d'ailleurs le dopage pour leurs propres sportifs. Ils sont imités un peu plus tard par les pays du bloc communiste. Ces derniers ne se ravisent qu'après la chute du Mur de Berlin. Le boxeur français Robert Cohen, pour sa part, n'a jamais caché s'être dopé avant ses deux victoire en championnat du monde. De même, l'Américain Jack Kramer et l'Espagnol Andrès Gimeno, joueurs de tennis, n'ont jamais nié avoir pris des produits dopants au cours des années 1950-1960, lors des rencontres de Coupe Davis et, pis encore, pour des exhibitions. Il a fallu attendre de longs mois avant que le Suédois Mats Willander et le Tchèque Petr Korda soient sanctionnés pour leur « cure » de produits nocifs. Aujourd'hui

1. Les athlètes ne sont pas les seuls à consommer des substances douteuses. Les bidons des Poilus de la Grande Guerre ne contenaient pas seulement du bromure. La preuve en est que 99 % des survivants n'ont jamais pu retrouver par la suite une activité normale : la plupart étaient en état de manque. Les combattants américains de la guerre de Corée, eux aussi, absorbaient sur ordre des amphétamines en quantité, surtout les fantassins et les aviateurs, plus exposés.

encore, on maintient un voile discret sur les transformations physiques des sportives, et l'on peut déplorer que l'interruption de la carrière de la Suissesse Martina Higgins, longtemps première joueuse mondiale, n'ait pas eu l'écho qu'elle méritait.

Le football, lui aussi, regorge d'histoires de dopage. Dès le début des années 1950, des équipes italiennes sont impliquées dans de sombres affaires de produits dopants auxquelles sont mêlés joueurs, médecins, dirigeants et affidés du grand banditisme. Le scandale est vite étouffé, car il menace l'existence même du championnat. Lors de la Coupe du monde de 1998, en France, les organisateurs officiels poussent un soupir de soulagement quand l'équipe de la Jamaïque est éliminée : ses joueurs ne supportent tout bonnement plus le sevrage auquel ils sont soumis en raison des contrôles. On ignore d'ailleurs toujours pourquoi le Brésilien Ronaldo a été transporté dans une clinique privée des environs de Paris quelques heures seulement avant la finale...

En rugby, on pense à cette « étrange odeur d'éther » qui, en 1949, s'élève de la mêlée lors de la finale du championnat de France entre Mont-de-Marsan et Castres. Les transformations physiques des joueurs, ainsi que leur nouvelle façon de jouer, qui privilégie la force et l'agressivité aux dépens de la finesse et de l'agilité, ne manquent pas d'inquiéter ! Dans la course automobile, les accidents survenus lors des différentes éditions des 500 Miles d'Indianapolis, aux États-Unis, ne sont pas tous dus à une erreur mécanique. Quant au contrôle antidopage, prévu dès 1969 lors des 24 Heures du Mans, il n'a jamais eu lieu.

À la fin du siècle dernier, des athlètes et des nageuses chinoises battent des records du monde, avant de disparaître aussitôt dans le plus total anonymat. Leurs dirigeants, relayés par une presse partisane, veulent faire croire que ces records sont le résultat d'un entraînement forcené et d'un régime alimentaire à base de sang de tortue. Le dopage touche aujourd'hui l'ensemble de la planète et toutes les couches de la population. Début 1999, un Japonais de cinquante-deux ans s'est fait prendre lors d'un contrôle antidopage. Il utilisait des corticoïdes. Son sport : le billard !

Les histoires de dopage existent depuis les débuts du cyclisme. Certaines drôles, d'autres beaucoup moins. Il en est de même pour tous les autres sports. Dans son ouvrage *La Tête et les Jambes*, paru en 1894, Henri Desgrange évoque déjà le problème des stimulants et préconise l'interdiction de consommer de la cola ou de la coca, quoi qu'en dise le corps médical. Il faut attendre le mardi 28 juin 1966 pour que le dopage fasse son entrée officielle dans le Tour de France. Nous sommes au soir de la huitième étape, à Bordeaux. Le premier contrôle est fait à l'initiative du médecin du Tour, Pierre Dumas. Celui-ci est unanimement apprécié. Ancien nageur et judoka, il se destine à une carrière militaire. Sa myopie l'empêche d'entrer à Navale. À Saint-Cyr, où il est candidat, ses notes d'examen ne sont jamais arrivées. Durant la guerre, pour éviter le Service du travail obligatoire, il est mineur de fond à Alès. Il finit ses études de médecine après la Libération et entre à l'École normale supérieure d'éducation physique de Joinville (ENSEP), dont il devient rapidement le médecin-chef. C'est un adepte du sport amateur et éducatif. Sur le Tour, il commence par se faire admettre des coureurs. Bien souvent, il fait subir à l'un ou l'autre des contrôles sous le sceau du secret médical, et, en cas d'anomalie, prodigue ses conseils. Certains coureurs lui demandent de leur indiquer quels sont les produits dangereux parmi ceux qu'ils prennent. En 1955, il sauve d'une mort certaine Jean Mallejac, victime d'une défaillance dans le mont Ventoux. Il déclare alors : « Je suis prêt à porter plainte pour assassinat. » En 1960, il assiste aux agissements des dirigeants de la firme italienne Carpano pour faire gagner le Tour à leur coureur, Gastone Nencini. Un soir d'étape, à Briançon, il convoque tous les médecins d'équipe de la caravane. Jamais une telle réunion n'avait eu lieu. On se quitte, non sur la question « Où commence le dopage ? », mais bien sur celle de « Comment arrêter le dopage ? ». L'ambition de Pierre Dumas, face à cette situation qui ne cesse d'empirer, est d'obtenir la création d'une loi antidopage. Le ministre des Sports de l'époque, Maurice Herzog, va lui donner satisfaction.

Le docteur Dumas n'étant pas assermenté, il n'assiste pas au premier contrôle sur le Tour, qui est effectué à Bordeaux par un conseiller du ministère des Sports, un médecin bordelais, un officier de police judiciaire et un employé de laboratoire. Dans l'hôtel où loge la formation Mercier, les officiels avisent dans un couloir un homme nu, une serviette autour des reins.

« Disputez-vous le Tour de France ?

– Oui.

– Veuillez nous suivre. »

Le coureur suit les hommes, livre son urine et remplit les formulaires. C'est Raymond Poulidor ! Aucun des officiels ne l'a reconnu ! Gênés, les contrôleurs se font ouvrir les valises des coureurs, mais n'y jettent qu'un regard distrait. Ils vérifient les bras de quelques-uns d'entre eux, au cas où ils y trouveraient des traces de piqûre, ne contrôlent que six coureurs et, très discrètement, s'en retournent à leur bureau. Le lendemain, cinq kilomètres après le départ de Talence, le peloton met pied à terre pendant trois minutes, en signe de protestation. Le plus virulent contre ces contrôles est Jacques Anquetil. Rien d'étonnant ! Il a toujours prôné le libre choix de disposer de son corps. Son absence au contrôle lui a d'ailleurs coûté la victoire dans Liège-Basogne-Liège et a empêché l'homologation d'un record de l'heure.

Un peu plus tard, à Revel, nouveau contrôle. Six autres coureurs sont désignés. Les résultats sont communiqués dès la fin du Tour. Sur les douze coureurs contrôlés à Bordeaux et à Revel, six sont déclarés « positifs ». Dès lors, la Fédération française de cyclisme décide d'intervenir énergiquement. Elle institue une législation sportive du contrôle antidopage et ajoute aux sanctions pénales des sanctions sportives. La FFC en appelle aux autres fédérations sportives pour qu'elles réagissent, elles aussi, devant ce phénomène. Le football est le premier à traîner les pieds. Quant au ministère, il n'a pas les crédits nécessaires. Pierre Dumas continue son combat. Malgré son entêtement, la situation évolue peu. Au point que, l'année suivante, en 1966, un coureur meurt pendant le Tour, dans l'ascension du mont Ventoux.

Ce jour-là, l'Anglais Tom Simpson est septième du classement général à huit minutes du maillot jaune Roger Pingeon. L'étape, sans être déterminante, est importante. Les Pyrénées n'ont pas encore été franchies et il reste le Puy de Dôme. Deux jours plus tôt, à Briançon, Louison Bobet, jugeant l'Anglais trop fatigué, lui a déjà demandé de quitter le Tour. Mais n'écoutant que lui-même, Simpson continue sa route. Le 13 juillet, la chaleur est lourde, oppressante, il n'y a pas un souffle d'air. Au virage du Chalet-Reynard, la végétation disparaît. Elle fait place à une immense étendue de caillasse sur laquelle plus rien ne pousse hormis quelques rares plantes, résistantes mais toutes rabougries. Chacun a la sensation d'étouffer. Il y a bien longtemps que le peloton a éclaté. Simpson rétrograde au fur et à mesure que l'arrivée approche. Épuisé, il s'écroule une première fois sur le bas-côté. Deux spectateurs le remettent en selle. Il repart. Cinq cents mètres plus loin, il s'écroule à nouveau. Il ne se relèvera plus. Un spectateur lui fait du bouche-à-bouche, relayé par le docteur Dumas, aussitôt accouru, puis par l'infirmière quand Dumas tente de soutenir le cœur avec une piqûre. Dumas applique sur le visage de Simpson un masque à oxygène.

L'Anglais réagit fugitivement. On décide de le transférer à l'hôpital par hélicoptère. L'adjoint de Dumas, le docteur Macorig, accompagne Simpson à l'hôpital Sainte-Marthe d'Avignon. Deux heures plus tard, dans la salle de presse de Carpentras, Félix Lévitan, codirecteur du Tour, lit un communiqué de l'hôpital : Tom Simpson est mort à 17 h 30. De toutes parts, les questions fusent. Jacques Goddet, le premier, parle de dopage. Dans les poches du maillot de Simpson, on a en effet retrouvé des amphétamines. Exactement les mêmes que dans ses viscères. Des masseurs sont entendus par la police. L'enquête concluera à un décès par collapsus cardiaque, mais notera que les amphétamines n'ont pu, à elles seules, provoquer la mort ; en revanche, elles ont pu favoriser l'apparition de troubles contribuant à l'épuisement. Ainsi madame Simpson peut-elle toucher la prime de l'assurance-vie contractée par son mari : celle-ci n'aurait pu être versée en cas de dopage car, pour les assurances, l'absorption de tels produits était, à l'époque, assimilé au suicide.

Dès lors, le rôle des médecins devient de plus en plus prépondérant dans les équipes. Des contrôles ont bien lieu, mais ils ne donnent pratiquement rien. De temps à autre, cependant, on enregistre des résultats surprenants. Parfois, des coureurs sont suspendus. Des équipes entières sont malades. C'est toujours de la faute du poisson servi au dîner – ce qui a le don de rendre fous de rage les cuisiniers. La médecine a toujours plus d'un tour de retard face aux apprentis sorciers qui jouent avec la santé des coureurs. Aucune preuve formelle de dopage ne peut être faite jusqu'au Tour de 1998. Encore a-t-il fallu que la police intervienne et que l'encadrement de la formation Festina passe aux aveux. Cependant, aujourd'hui encore, il est permis de penser que l'affaire Festina n'a pas servi à grand-chose sur le plan pénal.

Le procès de l'affaire Festina a lieu dix-huit mois après les faits à Lille. Daniel Baal, président de la Fédération française de cyclisme, et Roger Legeay, président de la Ligue, qui, mis en examen, ont bénéficié d'un non-lieu, sont là. Mais ce procès vient trop tard : les mentalités et les règlements ont changé, comme l'explique devant la cour Hein Verbruggen, président de l'Union cycliste internationale. Tout au plus, ce procès fera avouer à Richard Virenque qu'il s'est dopé. Depuis, la Fédération française de cyclisme rend obligatoire le suivi médical longitudinal, une batterie d'examens médicaux que les coureurs subissent quatre fois par an. L'Union cycliste internationale, d'abord réticente, l'applique maintenant aussi.

Chaque coureur de l'élite est possesseur d'un carnet de santé, sur lequel sont portées toutes les décisions médicales. La mentalité a changé, mais le danger existe toujours.

L'Agence mondiale de lutte contre le dopage, créée après le Tour 1998 par le Comité olympique international à la demande de Jean-Claude Killy, n'a pas encore rempli sa mission. Trop de fédérations renâclent, notamment dans le football et dans certains sports américains – le hockey sur glace et le basket-ball, en particulier.

La Fédération Internationale de Football Association, la FIFA, vient sans aucun état d'âme d'organiser en Allemagne le dernière Coupe du Monde au cours de laquelle, au vu et au su de tout le monde, aucun contrôle sérieux, sanguin en l'occurrence, n'a été réalisé malgré le nombre croissant d'agressions physiques commises au cours des rencontres. Et la FIFA de continuer de poursuivre allègrement son grand bonhomme de chemin dans le plus grand intérêt immédiat des joueurs et de leur entourage.

L'athlétisme, après avoir longtemps traîné les pieds, vient de prendre le problème à bras-le-corps. Des champions de renom sont contraints de quitter la scène sportive. Des contrôles-surprises sont organisés, et beaucoup d'athlètes obligés de déclarer leur lieu d'entraînement sont poursuivis par les contrôleurs, même dans les lieux du globe les plus reculés. Le carnet de santé de l'athlète ne donne plus des renseignements anodins, mais de véritables données permettant de déceler autant que faire se peut toute manipulation génétique. La natation, elle aussi, vient de prendre conscience du problème et n'a pas hésité à frapper fort. Il est acquis maintenant que le dopage touche l'ensemble des sports, quel que soit l'âge du concurrent. Sur Internet, il est possible de se procurer des produits interdits de plus ou moins bonne composition. Le recel d'ordonnances volées est toujours en vigueur. Les trafiquants exercent toujours leur funeste marchandage. L'ensemble des nations n'a pas encore trouvé la parade pour clore définitivement ce dossier. De ce fait, à côté de ceux que l'on peut qualifier de « voleurs de poules » existe un réseau autrement plus dangereux toujours impuni.

Le plus bel exemple en la matière est la révélation récente de l'affaire Puerto. Le 23 mai 2006, à très exactement trente-neuf jours du départ du Tour de France, les inspecteurs de la division anti-drogue de la Guardia Civile mettent la main sur un médecin madrilène, Eufemiano Fuentes, et sur ses comparses dont Manolo Saiz, directeur sportif de l'équipe Liberty Seguros, par ailleurs grande tête pensante du système Pro Tour mis en place par l'Union cycliste internationale pour brider l'influence des organisateurs de toutes les courses professionnelles. L'opération Puerto vient de naître.

Dans divers appartements de Madrid, où Fuentes « opère », les policiers trouvent une quantité considérable de produits tous plus nocifs les uns que les autres[2] (anabolisants, hormones de croissance, etc.), ainsi qu'un grand nombre de poches de sang, toutes annotées selon, semble-t-il, un code très précis. À n'en pas douter, Fuentes dirige un important « centre de remise en forme » réservé aux athlètes du plus haut niveau. On parle de cyclistes, de joueurs de football mondialement connus, de joueurs de tennis de renom et même de pilotes automobiles.

Immédiatement, les dirigeants de la formation Liberty Seguros dissolvent leur équipe. Le leader, le Kazakh Alexandre Vinokourov, retrouve un sponsor avec l'aide du Premier ministre de son pays, avec lequel il entretient d'ami-

2. Il existe plusieurs méthodes de dopage. Les anabolisants : ce sont des engrais naturels du muscle qui renforcent l'agressivité et la résistance à la douleur ; l'hormone de croissance, pour développer la masse musculaire ; les tranquillisants, pour lutter contre l'anxiété et maîtriser le rythme cardiaque – cette utilisation est fréquente en golf et en tir ; les corticoïdes, qui provoquent un état d'euphorie et réduisent la sensation de fatigue et de douleur ; la manipulation génétique, telle la prise d'érythroproïétine (EPO), molécule augmentant le taux de globules rouges, donc du transport de l'oxygène dans les tissus et accroissant ainsi la capacité à l'effort, l'endurance et la récupération ; ou encore avec l'utilisation du perfluocarbone (PFC) et de l'hémoglobine réticulée. Ces deux dernières molécules ne sont utilisées en France qu'en milieu hospitalier et interdites à la vente. Il n'en est pas de même dans les pays frontaliers et un vaste trafic s'est installé. Cette liste n'est malheureusement pas exhaustive.

cales relations. Botero et Gurrierez, deux coureurs de la formation suisse Phonak sont écartés.

Le 25 juin, les coureurs espagnols, dont près de cinquante sont des clients de Fuentes et dont les noms sont publiés dans la presse espagnole, refusent de prendre le départ de leur championnat national. Le scandale est européen. Le Tour de France est sur le point de prendre son envol à Strasbourg. Des décisions sont attendues. À vingt-quatre heures du prologue, neuf coureurs sont exclus du Tour. Parmi eux l'Allemand Ullrich, l'Italien Basso, le Colombien Sevilla et l'Espagnol Mancebo, qui tous ont posé sur le podium final lors des éditions précédentes de l'épreuve. Avec le retrait d'Armstrong, ce sont les cinq premiers du Tour 2005 qui sont absents. Le Tour se termine dans l'allégresse générale à l'issue de la victoire de l'Américain Floyd Landis. Mais quatre jours après son succès, Landis est déclaré positif à la testostérone à la suite de sa victoire d'étape de Morzine. Landis, lui aussi, est emporté dans la tourmente du dopage.

Ces événements si tragiques, si mortifères pour le sport cycliste, n'ont pour le moment que des conséquences désastreuses qui démontrent l'incapacité des pouvoirs juridiques et sportifs à lutter contre le dopage. Le juge d'instruction chargé de l'affaire Puerto vient de classer l'affaire au pretexte qu'à l'époque des faits, il n'y avait pas en Espagne de loi antidopage. Quant à Landis, toujours pas déclaré vainqueur officiel du Tour, neuf mois après son tour d'honneur des Champs-Elysées, il ne désespère pas obtenir la victoire en invoquant le vice de forme. En attendant, ne reculant devant rien, il fait la manche auprès des spectateurs de courses cyclistes, aux États-Unis, pour pouvoir payer ses avocats.

Cependant, le pouvoir sportif, assuré qu'il est possible désormais, en raison de cette affaire Puerto, de connaître les noms des tricheurs, a repris la main. Les organisateurs des grands Tours, en particulier Christian Prudhomme pour le Tour de France, l'Association des groupes sportifs et l'Union cycliste internationale, semblent désireux de séparer dès maintenant le bon grain de l'ivraie. Il en résulte d'une part que la justice espagnole ne peut plus reculer et doit rouvrir le dossier Puerto, et d'autre part que les coureurs incriminés ne doivent plus participer à des épreuves. C'est le cas pour l'Allemand Jan Ulrich qui n'a pas retrouvé d'équipe pour l'année 2007 tandis que l'Italien Yvan Basso, vainqueur du Tour d'Italie 2006 ne pourra défendre son titre en 2007, ayant quitté l'équipe américaine Discovery Chanel chez laquelle il avait trouvé refuge en janvier 2007.

Les tractations seront longues mais il y va de la survie du sport. Le cyclisme a longtemps montré l'exemple en matière de lutte antidopage, il importe désormais qu'il ne soit plus le seul dans ce cas.

1999-2002

LANCE ARMSTRONG

« Le cancer est la meilleure chose qui me soit arrivée. »

À Oslo, sous des trombes d'eau glaciale, l'Américain Lance Armstrong, ivre de bonheur, se dirige vers le podium pour recevoir le maillot arc-en-ciel qui récompense sa victoire au championnat du monde. Il est accompagné d'une charmante jeune femme. Invité à se rendre ensuite dans la loge d'où le roi et la reine de Norvège ont suivi l'épreuve, il ne consent à accepter la royale invitation que si cette mystérieuse inconnue l'accompagne. Peu après, dans la salle de presse, avant même qu'un journaliste n'ait le temps de lui poser une question, il se saisit du micro : « Messieurs, je vous présente Linda. C'est ma mère. Elle est tout pour moi. Elle a tout fait pour moi. Il est normal qu'elle soit associée à mon succès aujourd'hui. »

Lycéenne, Linda se marie à seize ans avec un garçon qui s'évanouit dans la nature peu avant la naissance du petit Lance. Le bébé arrive. Trois ans plus tard, elle se remarie avec Terry Armstrong, un grossiste en épicerie qui donne son nom au bambin. Linda n'a jamais quitté son fils, pour lequel elle est prête à tout sacrifier, acceptant mille petits boulots afin de lui offrir une enfance heureuse, et de lui permettre de terminer ses études.

Gamin plein de vie, ayant le besoin impérieux de se dépenser physiquement, il obtient une bicyclette (une Schwin) pour son septième anniversaire et n'a de cesse, dès lors, de se montrer le meilleur de son quartier. Il s'essaie un peu au football américain mais, à l'âge de douze ans, opte pour la natation. À cinq heures et demie chaque matin, il fonce à la piscine, aligne les longueurs de bassin, puis file à l'école avec son vélo, revient à la piscine après les cours et poursuit son entraînement avec application.

Lance est peu attiré par les études, mais il adore le sport, et est particulièrement bon au triathlon, une succession d'épreuves de natation, de cyclisme et de course à pied. Il a seize ans lorsqu'on détecte chez lui une capacité pulmonaire très largement supérieure à la moyenne et une très faible production d'acide lactique, ce qui lui donne une résistance à l'effort considérable. Un an plus tard, en 1988, il est considéré comme le meilleur espoir américain de triathlon. Mais seul le cyclisme l'attire vraiment. Il participe aux Jeux Olympiques de Barcelone en 1992, termine dans le peloton et, très vite, signe son premier contrat professionnel avec la firme américaine Motorola. Il a vingt et un ans. Il dispute sa première course professionnelle en Espagne. C'est la Classica San Sebastian, une épreuve de Coupe du monde. Il fait froid. Il pleut. Transi, il veut mettre pied à terre. Le Hollandais Hennie Kuiper, son directeur sportif, l'encourage à terminer l'épreuve, « pour apprendre à souffrir ». Il franchit la ligne une demi-heure après le premier, le Mexicain Alcala, mais le dimanche suivant, il obtient la deuxième place lors du Grand Prix de Zurich, une autre épreuve de Coupe du Monde. L'année suivante, en 1993, il participe pour la première fois au Tour de France, remporte l'étape de Verdun, mais abandonne quelques jours plus tard sur la route de Marseille après le franchissement des Alpes. En fin de saison, il devient, à Oslo, en Norvège, sous une pluie aussi diluvienne que glaciale, le plus jeune champion du monde de l'histoire (il vient tout juste de fêter son vingt-deuxième anniversaire). Sur le podium, il est entouré de l'Espagnol Miguel Indurain et de l'Allemand Olaf Ludwig. La veille, l'Allemand Jan Ullrich gagne le championnat des amateurs. Armstrong-Ullrich, ce sera l'affrontement majeur dans les Tours de France à venir.

Dans son Texas natal, l'hiver venu, il fait la connaissance d'Eddy Merckx. Il décide de rationaliser sa carrière : il subit de nombreux examens médicaux qui doivent lui permettre d'évaluer tous les paramètres de son corps pour en tirer le maximum. En 1994, il manque de peu la victoire dans Liège-Bastogne-Liège, est à nouveau au départ du Tour de France, mais abandonne sur la route de Carpentras après le franchissement des Pyrénées. On remarque alors que son poids (80 kg) le handicape pour escalader les grands cols.

Il est à nouveau au départ du Tour en 1995, à Saint-Brieuc. Il remporte l'étape de Limoges en hommage à son équipier l'Italien Fabio Casartelli (le vainqueur des J. O. de Barcelone), décédé quarante-huit heures plus tôt dans la descente du col du Portet d'Aspet. Il termine 36e de ce Tour à 1 h 28 du vainqueur Miguel Indurain.

1996 est la saison, pense-t-on, où il doit exprimer la totalité de ses qualités. Deuxième de Paris-Nice, vainqueur de la Flèche Wallonne, il échoue de peu dans Liège-Bastogne-Liège (deuxième derrière le Suisse Pascal Richard). Il quitte le Tour au sixième jour de course, sans avoir joué un rôle quelconque dans l'épreuve.

Il passe l'hiver dans la splendide maison du Texas qu'il vient d'acquérir au bord du lac d'Austin. Il est heureux, il est riche : il vient de signer un contrat de deux millions et demi de dollars pour deux ans avec la firme française Cofidis. Il fête avec faste son vingt-cinquième anniversaire. Quelques jours plus tard, Lance Armstrong ressent une brusque fatigue qui le prive de toutes ses forces. Il souffre d'un terrible mal de tête qu'il ne peut apaiser. Il tente de faire une petite sortie à vélo, mais au moment de s'asseoir sur la selle, il remarque que l'un de ses testicules a subitement triplé de volume. Il crache du sang.

Aussitôt, il consulte son médecin personnel et ami, le docteur Rick Parker, qui l'ausculte et obtient un rendez-vous le lendemain matin, à sept heures, chez un urologue réputé d'Austin, le professeur Jim Reeves. À midi, la sentence tombe. Reeves diagnostique un cancer à un testicule avec métastases aux poumons. Il faut opérer d'urgence. Linda accourt. Elle ne quittera son fils que près d'un an plus tard, lorsque la guérison sera acquise.

C'est le mercredi 15 octobre. Le lendemain a lieu l'opération. Le vendredi, Armstrong quitte l'hôpital et règle ses affaires en compagnie de son agent de toujours, Bill Stapelton. Le samedi, nouvelle épreuve : Lance doit déposer un échantillon de sperme dans un institut spécialisé. Il risque en effet de devenir stérile, or il a bien l'intention de se marier et, un jour ou l'autre, d'avoir des enfants. Le dimanche est terrible. Lance broie du noir. Linda ne le quitte pas. Plusieurs amis les ont rejoints : Stapelton et sa femme Laura, Chris Carmichael, un ancien coureur devenu entraîneur, et Jim Ochowicz, ancien coureur lui aussi, très influent dans le cyclisme américain. Le lundi, Lance se ressaisit : courageusement, il annonce son cancer au cours d'une conférence de presse et termine par cette phrase : « C'est un combat pour la vie que j'engage aujourd'hui, et j'ai l'intention de le gagner. » Puis il se rend à sa première séance de chimiothérapie. Le jour même, sa vue commence à baisser, ses mouvements deviennent désordonnés. De nouveau, on procède à des examens qui détectent deux tumeurs nouvelles au cerveau, l'une près du centre de vision et l'autre dans la région de la coordination. De nouveau, l'opération est inévitable.

En moins de dix jours, la vie de Lance Armstrong vient de basculer. Il n'est plus question de cyclisme ni de Tour de France, mais de survie. Le corps médical se prononce pour une chance sur deux de guérison. Armstrong doit se soumettre à un programme de chimiothérapie très lourd : cinq jours de traitement intensif en hôpital, puis deux semaines d'interruption pour permettre aux globules rouges de se reconstituer, l'ensemble pendant une durée de trois mois. Plus que jamais, Linda est là. De temps à autre, Lance l'invite au restaurant. Il se coiffe alors d'un bonnet pour cacher ses cicatrices et sa calvitie, mais aussi pour se montrer à lui-même qu'il commence, petit à petit, à retrouver sa physionomie d'avant. Dans la maison d'Austin, on accueille Eddy Merckx, Frankie Andreu, un ancien coureur venu en voisin, et Eric Heiden, ancien champion olympique de patinage de vitesse et ancien participant au Tour de France, devenu un médecin réputé. Ce sont les hôtes qui préparent les repas, se promènent avec Lance, entretiennent la conversation et lui remontent le moral.

À l'hôpital, le cycliste se lie d'amitié avec John Neal, « le malade le plus coriace que le cancer ait jamais rencontré ». Il voit des hommes, des femmes, des enfants, qui tous ont comme lui le crâne rasé et viennent de subir ces séances de chimiothérapie, interminables, douloureuses. Avant même son troisième cycle d'hospitalisation, il décide avec ses amis de créer une fondation pour aider les malades du cancer, baptisée « La Course des Roses ». Le premier projet qu'elle met sur pied est une course cycliste à laquelle participent Merckx, Heiden et Indurain. Armstrong est très attentif à cette fondation. Il est toujours présent à chacune de ses manifestations, et nombreux sont les coureurs du peloton international qui lui font des dons, ou payent de leur personne pour aider à son bon fonctionnement. Petit à petit, Armstrong reprend goût au cyclisme. Il pédale tous les jours, d'abord sur de courtes distances, puis prolonge progressivement les sorties. En même temps, il fréquente la salle de musculation. La guérison est proche.

Fin 1997, il se sent mentalement prêt à reprendre sa carrière de coureur. Il achète un appartement en France, à Saint-Jean-Cap-Ferrat, sur la Côte d'Azur, et s'y installe avec Kristin, l'attachée de presse de la fondation, qui deviendra sa femme. Au début de la saison 1998, il termine quatorzième de la Ruta del Sol, une épreuve espagnole par étapes sans grande difficulté, avant de prendre le départ de Paris-Nice. Une pluie glaciale s'abat sur l'épreuve dans les trois premiers jours. Sans crier gare, en plein milieu de l'étape, Armstrong, crotté, transi, trempé jusqu'aux os, s'arrête, enlève son dossard et monte dans la voiture de son directeur sportif. Il abandonne et file directement sur la Côte d'Azur. Sa décision est prise. On ne le reverra plus en compétition. C'est trop dur ! Malgré les supplications de Kristin, il vend le mobilier, et tous deux retournent à Austin.

Lance s'y ennuie. Kristin aussi. Il passe son temps sur les terrains de golf, dans les bars à bière et les restaurants mexicains. Kristin le sermonne, aidée par Carmichael et Bob Roll, un ancien coureur du Tour venu s'installer dans les environs d'Austin. Petit à petit, l'activité physique lui manque. Il retrouve la joie de pédaler. Avec ses deux amis et sa fiancée, il loue une maison à Boone, minuscule village rempli de charme de la Caroline du Nord, dans les monts Appalaches. Du temps de sa splendeur, il y a gagné le DuPont Tour, la seule grande épreuve américaine par étapes, et a conservé un bon souvenir de l'endroit. Les séances d'entraînement s'intensifient. Au fil du temps, il monte des cols de plus en plus vite, diminue sa sensibilité au froid et à la chaleur. Un soir, revenant d'un entraînement plus dur que les autres, il lance : « Le bon vieux temps est revenu. » Ses accompagnateurs ont compris. Dans sa tête, Armstrong est redevenu un coureur. Il a de nouveau envie de se frotter au peloton. Il se marie avec Kristin à l'église de Santa Barbara et revient en Europe pour disputer le Tour du Luxembourg... qu'il gagne. En septembre 1997, il termine quatrième du Tour d'Espagne. Laurent Jalabert est admiratif : « C'est l'homme de l'année. »

De retour à Austin pour l'intersaison, Kristin et Lance décident d'avoir un enfant. Mais il leur faut recourir à la fécondation *in vitro*. Le processus médical est lourd, contraignant, mécanique, laissant peu de place au romantisme. Kristin et Lance le subissent avec beaucoup d'application et d'amour. C'est une réussite ! Une fois Kristin enceinte, Lance décide de gagner le Tour à tout prix. Ils reviennent en Europe, à Saint-Jean-Cap-Ferrat et consultent leurs amis : Eddy Merckx et

Johan Bruyneel, un ancien coureur belge du Tour, ex-maillot jaune, devenu son directeur sportif et qui, dans les moments les plus difficiles, a toujours été de bon conseil. Bruyneel est aussi passionné qu'Armstrong par l'approche scientifique du sportif de haut niveau. Ils discutent longuement. Kristin, elle aussi, participe aux discussions. Elle a de bonnes connaissances en anatomie, et pas seulement parce qu'elle est enceinte. En effet, elle s'occupe toujours de la fondation avec efficacité et ne sait que trop ce que signifie lutter pour la guérison. Sur son ordinateur, Armstrong enregistre une montagne de données : poids, alimentation, rythme cardiaque, fréquence de pédalage, durée de l'entraînement et son intensité, routes empruntées, conditions climatiques, etc. Il perd quelques kilos, pèse toute son alimentation, mesure soigneusement ses besoins en boisson... L'ancien coureur suisse Tony Rominger, détenteur du record de l'heure, vient le voir et accepte de lui confier ses carnets d'entraînement. Puis il le conduit sur son ancien parcours de préparation des courses, celui qui emprunte dans l'arrière-pays niçois le col de la Madone. Dès lors, Armstrong n'a de cesse d'améliorer ses temps dans la montée de ce col, puis de tout noter sur son ordinateur.

C'est un coureur différent qui se présente au Puy-du-Fou, en Vendée, départ du Tour de France. Il a maigri, n'a plus son physique de joueur de rugby. Il est animé d'une vraie rage de vaincre. Le prologue est constitué d'une partie plate, d'une montée, d'une descente, puis d'une route plate qui serpente à travers champs avant d'arriver au pied des vestiges d'un château médiéval où se donne un spectacle de son et lumière. Bruyneel et Armstrong établissent le plan de bataille. Un long sprint pour commencer, avec un rythme cardiaque ne dépassant pas les 180 pulsations à la minute ; puis, dans la montée, pas plus de 100 coups de pédale à la minute ; un léger temps de récupération dans la descente et un sprint jusqu'à l'arrivée. Dans sa voiture, Bruyneel a fait installer un ordinateur. Tout y est consigné. Les caractéristiques du parcours, ainsi que le rythme cardiaque et la fréquence de pédalage du coureur. Bruyneel surveille et conseille grâce à l'oreillette : « Moins vite. Assieds-toi sur la selle. C'est bien. Continue. » Lance Armstrong est crédité du meilleur temps. Il est maillot jaune.

Sitôt descendu de machine, il est happé. Le podium, la séance photo, le contrôle antidopage, la conférence de presse se succèdent. Toujours revêtu du maillot jaune, il prend place dans la voiture de son équipe et regagne son hôtel. Il téléphone à Kristin, qui est retournée à Austin, et lui annonce son succès. À distance, ils pleurent tous les deux. Il viennent de remporter, ensemble, la plus belle des victoires. Lance a vaincu son cancer. Quelques jours plus tard, à Metz, Armstrong gagne l'étape contre la montre et s'impose en solitaire dans la première grande étape des Alpes par les cols du Télégraphe, du Galibier, du Montgenèvre et l'arrivée en altitude à Sestrières. Ce jour-là, la télévision américaine retransmet l'événement en direct. À l'hôpital où il a tant souffert, tout le monde, malgré le décalage horaire, a les yeux fixés sur le petit écran. Lorsque Armstrong franchit la ligne d'arrivée, ce ne sont que cris de joie et applaudissements. L'infirmière qui l'avait soigné, LaTryce, ne peut retenir ses larmes devant ses malades médusés.

Mais le Tour de France rassemble plus de trois mille personnes, et parmi elles, les éternels pisse-vinaigre. La rumeur s'installe. Et si Armstrong était dopé ? Ses séances de chimio n'auraient-elles pas favorisé sa résistance à la douleur ? Pourquoi y a-t-il des traces de cortisone dans ses urines ? Au cours d'une conférence de presse impromptue, Lance Armstrong répond. Il explique ce qu'est un traitement chimiothérapique et que, si ses urines contiennent de la cortisone, c'est parce qu'il utilise une pommade qui en contient en faible dose pour soigner une blessure à la selle. Il remporte encore l'étape contre la montre du Futuroscope avant son triomphe parisien. Une dernière fois, il revêt le maillot jaune et accomplit sur les Champs-Élysées, devant une foule impressionnée, le traditionnel tour d'honneur, tout en brandissant un immense drapeau américain que lui a tendu un spectateur. Le soir, à la fin du dîner qui réunit tous les membres de l'équipe, Lance Armstrong prend la parole. Il remercie chacun de son aide et redit combien il est heureux. Il termine par ces mots : « Si jamais la vie vous donne une seconde chance, saisissez-la et vivez-la jusqu'au bout. » La veille, Lance Armstrong a appris que les chirurgiens qui ont pratiqué la deuxième opération ne lui donnaient pas 3 % de chances de survie.

Le plus émouvant des témoignages de sympathie pendant ce Tour lui est donné dans la dernière étape. Le peloton approche de Paris à petite allure. Il va entrer dans Bièvres, un petit village de la vallée de Chevreuse. Sur la droite de la route, il y a une maison de deux étages en pierre de pays. Il n'y a personne devant la maison, qui rappelle ces maisons spécialisées pour les cancéreux en phase terminale. Les volets de bois sont entrouverts pour se protéger du soleil, sauf dans une pièce du deuxième étage. Là, dans l'embrasure, une femme d'âge respectable, vêtue de blanc, sans doute une infirmière, le visage fatigué par des nuits de veille, tend un carton sur lequel est écrit en majuscules : « Lance. Merci pour l'espoir donné. » Peu de temps après son triomphe naît Luke David Armstrong, suivi, deux ans plus tard, par des jumelles. Depuis 1999, Lance Armstrong reste invaincu sur le Tour de France.

Lance Armstrong, dès lors, ne vit plus que pour le Tour. Alors que Merckx voulait gagner toutes les courses auxquelles il participait, Armstrong ne veut gagner que le Tour, auquel il consacre tout son temps. Il popularise l'épreuve dans son pays bien plus que ne l'a fait son compatriote Greg LeMond, premier Américain triple vainqueur du Tour. Il fait éditer pour les États-Unis une cassette d'une durée de quatre heures au cours de laquelle on le voit suant, escaladant sans cesse les cols les plus durs du massif alpin à l'entraînement. Cette cassette est un succès. À sept reprises, Lance Armstrong franchit en vainqueur la ligne d'arrivée parisienne. Le tableau qui suit montre comment l'Américain a construit ses sept victoires.

LES 7 VICTOIRES DE LANCE ARMSTRONG :

1999

Prologue : victoire d'Armstrong.
8° étape : contre-la-montre à Metz. Victoire d'Armstrong qui endosse le maillot jaune pour ne plus le quitter jusqu'à Paris.
9° étape : Sestrières. Victoire d'Armstrong.
19° étape : contre-la-montre du Futuroscope. Victoire d'Armstrong.
Classement final : 1° Armstrong, 2° A. Zulle à 7.17, 3° F. Escartin à 10.26.
Bilan : Vainqueur de tous les contre-la-montre et d'une étape de haute montagne.

2000

10° étape : Lourdes-Hautacam. Armstrong, 2° derrière l'espagnol Otxoa, endosse le maillot jaune pour ne plus le quitter jusqu'à Paris.
12° étape : Le Ventoux. Armstrong 2° derrière l'italien Pantani.
19° étape : Mulhouse contre-la-montre. Victoire d'Armstrong.
Classement final : 1° Armstrong, 2° J. Ullrich à 6.02, 3° J. Beloki à 10.04
Bilan : Armstrong ne dispute pas le sprint final lors de deux arrivées en haute altitude. Vainqueur d'une étape contre la montre.

2001

10° étape : Alpe d'Huez. Victoire d'Armstrong qui est alors 4° du classement général à 20.07 du maillot jaune le Français François Simon.
11° étape : Chamrousse. Victoire d'Armstrong.
13° étape : Saint-Lary-Soulan. Victoire d'Armstrong qui endosse le maillot jaune pour ne plus le quitter jusqu'à Paris.
18° étape : Saint-Amand-Montrond. Contre-la-montre. Victoire d'Armstrong.
Classement final : 1° Armstrong, 2° J.Ullrich à 6.44, 3° J.Beloki à 9.05
Bilan : Trois victoires d'étape en haute montagne et une étape contre-la-montre.

2002

Prologue : Vainqueur : Armstrong, qui endosse le maillot jaune pour le perdre le lendemain au profit du Suisse Bertogliati.
11° étape : La Mongie. Victoire d'Armstrong qui endosse le maillot jaune pour ne plus le quitter jusqu'à Paris.
12° étape : Plateau de Beille. Victoire d'Armstrong.
19° étape : Mâcon contre-la-montre. Vainqueur Armstrong.
Classement final : 1° Armstrong, 2° J. Beloki à 7.17, 3° R. Rumsas à 8.17
Bilan : Deux victoires d'étape en haute montagne et deux contre-la-montre.

2003

4° étape : Saint-Dizier. Contre-la-montre par équipes. 1° US Postal avec Armstrong.
8° étape : Alpe d'Huez. Vainqueur Iban Mayo. Armstrong endosse le maillot jaune pour ne plus la quitter jusqu'à Paris.
15° étape : Luz-Ardiden. Victoire d'Armstrong.
Classement final : 1° Armstrong, 2° J.Ullrich à 1.01, 3° A.Vinokourov à 4.14
Bilan : Vainqueur d'une étape de haute montagne.

2004

4° étape : Arras. Contre-la-montre par équipes. 1° US Postal avec Armstrong qui endosse le maillot jaune pour le perdre le lendemain au profit du Français Thomas Voeckler.
12° étape : La Mongie. Armstrong 2° derrière Basso ne dispute pas le sprint final.
13° étape : Plateau de Beille. Victoire d'Armstrong devant Basso dans le même temps.
15° étape : Villard-de-Lans. Victoire d'Armstrong devant Basso dans le même temps. Armstrong endosse le maillot jaune pour ne plus le quitter jusqu'à Paris.
16° étape : Alpe d'Huez. Victoire d'Armstrong.
17° étape : Le Grand Bornand. Victoire d'Armstrong.
19° étape : Besançon. Contre-la-montre. Victoire d'Armstrong.
Classement final : 1° Armstrong, 2° K. Klöden à 6.19, 3° I. Basso à 6.40
Bilan : Vainqueur de sept étapes dont deux contre-la-montre (un par équipes) et cinq de haute montagne dont trois consécutives dans les Alpes.

2005

4° étape : Blois. Contre-la-montre par équipes. 1° Discovery avec Armstrong qui devient maillot jaune avant de le céder à Mulhouse à l'Allemand Voigt.
10° étape : Courchevel. Armstrong 2° de l'étape derrière l'Espagnol Valverde endosse le maillot jaune pour ne plus le quitter jusqu'à Paris.
20° étape. Saint-Etienne. Contre-la-montre. Victoire d'Armstrong.
Classement final : 1° Armstrong, 2° I. Basso à 4.40, 3° J. Ullrich à 6.21
Bilan : Deux victoires d'étape contre-la-montre dont une par équipes.

Ce bilan impressionnant est celui inscrit dans le grand livre du Tour de France. Malheureusement, quelques jours après sa septième et dernière victoire, le journal *L'Équipe* publiait des preuves irréfutables : Lance Armstrong a gagné un ou plusieurs Tour de France à l'aide de produits interdits. À plusieurs reprises déjà, le doute avait gagné la caravane, mais les preuves manquaient. Il n'est pas certain que Lance Armstrong restera auprès de tous un exemple.

2002

LAURENT JALABERT

« J'aimerais que, dans trente ans, on m'appelle encore Jaja. »

Bordeaux. Mardi 16 juillet 2002. Au cours de cette journée sans course du Tour de France, Laurent Jalabert fait son entrée dans la salle de presse, installée au vélodrome du Lac. Il est accompagné de Bjarn, son directeur sportif, et de Philippe Crepel, son agent. Jalabert a donné rendez-vous à la presse. Il s'assied derrière une table recouverte de bleu, se saisit du micro et dit d'une voix émue : « Aujourd'hui est un jour très important dans ma vie. En fait, j'aimerais commencer par une petite histoire, ce sera plus simple. C'est celle d'un gamin de onze ans qui, pour faire comme les copains, commence à faire du vélo dans son quartier. Et puis, il se marre bien, c'est sympa, et rapidement il tombe amoureux de ça, de cette machine un peu étrange. Et ça devient vite une passion. Il commence à faire des compétitions, et son rêve, c'est de devenir coureur professionnel et de faire le Tour de France. Ce qui devient réalité en 1989. Depuis, quatorze années sont passées, avec un palmarès riche en victoires que tout le monde connaît, quatorze années au cours desquelles j'ai fait des rencontres formidables et je me suis lié d'amitié avec énormément de personnes d'un milieu qui, pour moi, est une grande famille. Mais aujourd'hui, en ayant encore un assez bon niveau, j'ai décidé de tirer ma révérence à la fin de la saison, de me tourner vers une vie différente. C'est une décision mûrement réfléchie, que j'ai prise depuis plusieurs mois et que j'ai réussi à cacher. » Laurent Jalabert répond encore à quelques questions puis, toujours aussi ému, quitte la salle de presse sous un tonnerre d'applaudissements. À son hôtel, toute l'équipe CSC-Tiscali l'attend. Beaucoup ont le visage marqué par la tristesse, d'autres pleurent.

Ainsi donc Laurent Jalabert quitte la carrière cycliste. Ce Tour de France est son dernier. Laurent Jalabert est le favori du prologue, disputé au Grand-Duché du Luxembourg, mais ses rivaux, le Colombien Botero, l'Écossais Millar et surtout l'Américain Lance Armstrong, ne sont pas loin. Depuis deux ans, Jalabert a été régulièrement battu dans cette compétition. Certes, il est crédité du meilleur temps, mais au tout dernier moment, Armstrong bat Jalabert de deux toutes petites secondes. Le maillot jaune, c'est Armstrong ! Pour que ce Tour soit une fête pour lui et pour le public, Laurent Jalabert veut pourtant le porter une fois encore, ce maillot jaune. Il veut y parvenir dans l'étape contre la montre par équipes, celle du quatrième jour de course, entre Épernay et Château-Thierry, sur un parcours de soixante-huit kilomètres. Cette épreuve est particulière dans le cyclisme, puisqu'elle donne la priorité à la collectivité, alors que d'habitude un seul coureur est récompensé par la victoire. Sur le plan technique, elle est également particulière parce qu'elle impose une homogénéité totale de la part des participants. Dans l'équipe CSC-Tiscali, tout est prêt. Les coureurs savent que leur unique but est la victoire. Une grande partie de la nuit, les mécaniciens ont fignolé le matériel. Le matin, le Danois Bjarn Rijs, ancien vainqueur du Tour, manager et directeur sportif de l'équipe, donne ses consignes. La principale est :

« On n'attend personne. » Cela veut dire qu'en cas de crevaison ou de faiblesse, le coureur devra se débrouiller pour rallier l'arrivée comme il le peut. Ses partenaires ne l'attendront pas, afin de perdre le moins de temps possible.

Le départ est donné. Tout de suite, la formation de Jalabert est en tête à chaque poste de chronométrage. Le leader peut espérer le maillot jaune. Mais, comme souvent dans les mécaniques bien huilées, un grain de sable vient enrayer la machine. Le grain de sable, c'est la crevaison du champion du Danemark, Michael Sandstöd, à vingt-deux kilomètres de l'arrivée. Sandstöd s'arrête pour changer de machine, mais Bjarn Rijs hurle dans l'oreillette : « Arrêtez-vous. Arrêtez-vous. » Moment de flottement au sein de l'équipe. Ils ralentissent, pas très nettement. L'hélicoptère qui survole la course empêche une partie des coureurs d'entendre les ordres du directeur sportif Bref, c'est la pagaille ! L'équipe est désorganisée. Sandstöd rejoint ses partenaires au bout de trois longs kilomètres, mais il ne peut les suivre. À l'arrivée, l'équipe CSC-Tiscali n'est que troisième, derrière l'espagnole ONCE et l'américaine US Postal. Pas de maillot jaune pour Laurent Jalabert. Il s'énerve, puis se calme. Son esprit vogue déjà vers la conférence de presse de Bordeaux, celle où il va annoncer la fin de sa carrière.

Laurent Jalabert s'est vite rendu compte qu'il ne pourra plus, au cours de ce Tour de France, revêtir le maillot jaune. Comme il ne veut pas quitter l'épreuve sans réaliser un exploit, il pense au maillot à pois, celui du meilleur grimpeur, que Richard Virenque a popularisé. Pour cela il faut tenir le premier rôle dans les Pyrénées, toutes proches, puis dans les Alpes. Les Pyrénées, c'est d'abord Pau-La Mongie. Au cours de l'étape, Jalabert se glisse dans l'échappée initiale. Cent vingt kilomètres plus loin, il est seul en tête, lorsque Lance Armstrong et quelques autres, qui espèrent emporter la victoire d'étape, le rejoignent. Au départ de Pau, Laurent Jalabert n'a rien prémédité, son seul but est de conduire cette offensive le plus loin possible. Il ouvre la route devant un public nombreux. Il fait refleurir sur le bord des routes les pancartes à sa gloire confectionnées à la hâte durant la nuit. On peut y lire : « Bonne retraite », « Merci, Monsieur Jalabert », ou encore « Ne nous quitte pas ». Au cours de cette chevauchée, en grande partie solitaire, Laurent Jalabert prend du plaisir. Il aime le panache et le montre. Il pense au bon tour qu'il est en train de jouer aux meilleurs grimpeurs du peloton. Jalabert, lui, n'a jamais été un très grand grimpeur. Avec l'âge, il sait s'y prendre pour faire croire que, dans ce domaine, il peut lutter avec les meilleurs : son expérience est grande. Il sait aborder la montagne et, surtout, il a le courage nécessaire pour en endurer les vicissitudes. L'attitude de Jalabert ne passe pas inaperçue. Lorsqu'il le rejoint à trois kilomètres et demi de l'arrivée, Armstrong, d'un signe de tête, lui propose de le suivre et ralentit même un peu pour mieux assurer la manœuvre, mais au bout de trois cents mètres, Jalabert doit renoncer. L'allure est trop rapide pour lui. Le geste d'Armstrong est qualifié, à juste titre, de chevaleresque.

Le lendemain, c'est Lannemezan-plateau de Beille, en Ariège. Encore une étape de haute montagne. Et Jalabert recommence. Cent quarante-trois kilomètres d'échappée avec, dans le passage du sommet, des cols, le maximum de points pour le maillot des grimpeurs qu'il endosse à l'arrivée. Il n'est rejoint qu'à neuf kilomètres de la ligne. Tous les coureurs qui le doublent le félicitent. Entouré, heureux hasard, par les deux plus jeunes coureurs du Tour, Jérôme Pineau et Franck Renier, qui l'applaudissent de bon cœur, et le public avec eux, il franchit la ligne d'arrivée, ivre de plaisir et de bonheur. Il vient de gravir les Pyrénées pour la dernière fois de sa carrière. L'ovation de la foule durant toute l'étape lui a donné le frisson, la chair de poule. Dès lors, Laurent Jalabert s'accroche à son maillot des grimpeurs. Dans les Alpes, il a encore quelques forces et calcule son effort en fonction de ceux fournis par les candidats au même classement. Dans les cols, les spectateurs trépignent de joie à son passage. La caravane, baigne dans la béatitude. Il enthousiasme tout le monde. Les pancartes sont toujours aussi nombreuses : « Jaja, on t'aime », « Jaja, on va devenir orphelins », « Jaja, tu es un géant », etc. Laurent Jalabert fait partie maintenant du patrimoine sportif. Les hommages continuent. Lorsqu'il descend du TGV pour disputer la dernière étape, tous les coureurs lui font la haie d'honneur et l'applaudissent.

À Paris, il pose sur le podium avec trois de ses quatre enfants, aux côtés de Lance Armstrong, entouré de sa femme et de ses trois enfants. L'un et l'autre ont voulu associer leurs familles respectives à ce triomphe. Armstrong lance aux journalistes : « Jalabert, c'est une légende. » Heureux d'en avoir terminé avec le Tour, Jalabert dispute encore, en fin de saison, le championnat du monde. Il y reçoit l'hommage appuyé du peloton international. À trente-trois ans, il s'apprête cependant à vivre différemment. En quatorze années de carrière, il a remporté cent trente-six victoires dans des épreuves reconnues par l'Union cycliste internationale, dont un titre de champion du monde, trois Paris-Nice, le Tour d'Espagne (vainqueur de dix-sept étapes), maillot vert et à pois du Tour de France (quatre victoires d'étapes), des classiques de Coupe du monde, et il a été numéro un mondial de 1995 à 1998. Il est l'un des rares coureurs à avoir porté le maillot de leader des trois grands Tours nationaux (France, Italie et Espagne). Conseiller technique pour la firme Look, Laurent Jalabert suit dorénavant le Tour de France comme consultant pour France Télévisions et la station de radio RTL. Les nombreux téléspectateurs et auditeurs attestent à cette occasion que Laurent Jalabert fait partie de leur famille, celle du cyclisme.

2006-2007-2008

LES ANNÉES NOIRES

C'est presque la fin du printemps 2006. Les gens du voyage cycliste s'apprêtent à faire route vers Strasbourg où va être donné le départ du Tour. Soudain, le ciel du cyclisme, pourtant habitué aux séismes depuis quelques années, s'assombrit à nouveau. En Espagne, éclate « l'affaire Puerto ». Un médecin connu et reconnu, Eufemiano Fuentes, apparaît comme étant le grand maître d'œuvre d'un système de transfusions sanguines et de manipulations d'hormones de synthèse. On dit alors que sa clientèle, uniquement composée d'athlètes de haut niveau, atteindrait le chiffre de 300 unités et ne se limiterait pas au seul cyclisme.

Séance tenante, la formation Liberty Seguros quitte le cyclisme, le manager Manolo Saïz ayant été surpris en flagrant délit de transaction avec Fuentes. Alexandre Vinokourov, le coureur kazakh qui venait d'intégrer cette formation avec l'espoir de remporter le Tour se trouve alors sans équipe. Fort de ses amitiés avec le gouvernement de son pays, il construit à la hâte une autre formation qui prend le nom d'Astana, la capitale du Kazakhstan. Astana est présente à

Strasbourg. Vinokourov se comporte en interview comme un prétendant très sérieux à la victoire finale, au même titre que l'italien Yvan Basso et l'allemand Ian Ullrich.

La veille du départ, les événements se précipitent. La justice espagnole fournit une liste de coureurs impliqués dans cette affaire Puerto. Parmi eux Basso, Ullrich, Sevilla, ainsi que plusieurs équipiers de Vinokourov. Les coureurs cités quittent aussitôt Strasbourg, à la nuit tombée pour mieux protéger leur fuite, tandis que la formation Astana, Vinokourov en tête, fait elle aussi ses bagages. Elle comporte trop de coureurs impliqués et ne peut participer au Tour. Enfin, pense-t-on, le Tour est débarrassé pour un bon moment de ses tricheurs.

La suite va prouver que, malheureusement, le dopage sévit toujours, et au plus haut niveau.

Au pied de la cathédrale, devant une foule enthousiaste, le départ est donné. Pour les couleurs françaises, il est bénéfique. Jimmy Casper remporte la première étape. Sylvain Calzatti gagne celle de Lorient, Cyril Dessel est maillot jaune à Pau mais perd son trophée le lendemain à Pla-de-Beret au profit de l'américain Floyd Landis pour seulement huit secondes.

Sur la route de Montélimar, les doutes reviennent à la surface. Une échappée-fleuve permet à l'espagnol Óscar Pereiro Sio de combler un retard d'une demi-heure au classement général et de prendre possession du maillot jaune. Les puristes s'interrogent. Depuis quand laisse-t-on se développer une telle échappée et ne cherche-t-on pas à conserver l'emblème majeur de l'épreuve : le maillot jaune. Landis et son équipe Phonak sont aussitôt accusés de bafouer les règles de l'éthique du Tour et de la course cycliste.

Le Tour se poursuit avec une longue traversée du massif alpin et avec des rebondissements pour le moins curieux. À l'Alpe d'Huez, Landis redevient maillot jaune mais, le lendemain, perd dix minutes sur la route de La Toussuire. Pereiro est à nouveau maillot jaune. Le Tour fait maintenant route vers Morzine. Défaillant la veille, Landis écrase la course. Il franchit la ligne le premier, après un très long raid solitaire, et il faut attendre près de six minutes pour voir arriver son suivant immédiat, l'Espagnol Carlos Sastre. Pour une trentaine de secondes, Pereiro est toujours maillot jaune.

Les observateurs observent et ne manquent pas de prendre leurs lecteurs à témoin. Quelle est cette nouvelle race de coureurs qui survolent la course un jour, sont au bord de l'agonie le lendemain et retrouvent le surlendemain l'intégralité de leurs forces ? Même dans les temps anciens, où les défaillances étaient nombreuses, on ne retrouve trace de tels événements.

Comme prévu, la veille de l'arrivée à Paris, Landis redevient maillot jaune à la faveur de l'étape contre la montre. Floyd Landis devient donc le troisième américain après Greg LeMond et Lance Armstrong à remporter le Tour. Mais les commentaires accompagnant cette victoire ne sont pas très élogieux. L'interrogation est de mise de même que l'inquiétude. Pour beaucoup, cette victoire n'a pas la saveur souhaitée.

L'inquiétude grandit lorsque Landis, au lendemain de son succès ne se présente pas au départ d'un critérium au Danemark puis annule sa participation à un autre critérium en Hollande et refuse de se rendre sur le plateau de la chaîne de télévision ESPN pour répondre à une interview.

Trois jours plus tard, un laconique communiqué de sa firme, Phonak, annonce que des traces de testostérone ont été retrouvées dans ses urines après sa victoire d'étape de Morzine.

Landis est donc dopé. Il est destitué de son titre qui échoue sur les épaules de Pereiro Sio.

Landis se débat comme un diable, invoque toutes sortes d'histoires pour se disculper, appelle à l'aide une impressionnante batterie d'avocats. Rien n'y fait. Trop. C'est trop.

Landis est suspendu deux ans. Le Tour de France une fois de plus vacille sur ses bases.

Un an plus tard, le 7 juillet 2007, le Tour de France est à Londres pour son grand départ. La fête est belle. Le public est venu en masse, enthousiaste, heureux, avide de découvrir aussi bien les coureurs que la magnificence de cet événement interplanétaire. Cependant, le spectre du dopage plane toujours. Peu de temps avant le départ, un soigneur belge publie un livre dans lequel il raconte par le menu les pratiques de dopage au sein de la formation allemande T-Mobile puis de la formation Liberty Seguros. Erich Zabel, Bölts, Aldag, les meilleurs coureurs allemands, avouent qu'ils ont eu eux aussi recours au dopage. Bjarn Rijs, un ancien vainqueur du Tour, manager d'une grande équipe, CSC, passe lui aussi aux aveux. Alexandre Vinokourov explique sans détour « travailler » avec le si contreversé docteur Ferrari, celui qui affirme que « l'EPO n'est pas plus dangereuse qu'un verre de jus d'orange ».

On suppose aussi que certains coureurs, durant le mois précédant le Tour, pour échapper aux contrôles inopinés, ont fait savoir qu'ils partaient s'entraîner dans des contrées lointaines ou avaient trouvé refuge dans des massifs montagneux peu fréquentés.

À Londres, la réunion de l'Association des groupes sportifs professionnels tourne au vinaigre. On doit y évoquer les problèmes d'éthique. La mésentente est totale. Roger Legeay, manager du Crédit agricole, quitte la réunion en même temps que tous les représentants français et allemands. La scission est profonde au sein du cyclisme professionnel alors que le départ du prologue est sur le point d'être donné.

L'organisation londonienne a bien fait les choses, comme pour faire oublier le marasme ambiant. D'abord, le soleil resplendit ; ensuite le tracé du prologue au cœur de Londres permet de visualiser de façon inédite les monuments et parcs qui font la renommée de la capitale ; enfin, le véritable départ est donné sur Tower Bridge puis devant le méridien de Greenwich, le tout sous le regard impassible des Horse Guards et de leur fanfare.

Le suisse Cancellara est le premier maillot jaune. La foule est toujours au rendez-vous. Une grande liesse populaire accompagne le Tour. Le Tour revient en France puis se dirige vers la Belgique.

Sur la route d'Autun, une chute collective projette à terre une trentaine de coureurs. Alexandre Vinokourov, l'un des favoris de l'épreuve, est le plus touché. Il est blessé aux genoux et, le soir, on doit lui poser quinze points de suture mais, le lendemain, il est à nouveau sur son vélo. Voici les Alpes. Un jeune Allemand de 24 ans, Linus Gedermann gagne l'étape du Grand Bornand et endosse le maillot jaune. Les observateurs louent la qualité de ce coureur qui a montré toute la journée autant de maîtrise que de science de la course. De plus, son entourage le définit comme « un coureur propre ».

Mais, le lendemain, après la victoire d'étape à Tignes du Danois Michael Rasmussen, nouveau maillot jaune, le doute s'installe à nouveau dans la caravane. Rasmussen n'est pas, selon beaucoup, un coureur exempt de reproches en matière d'éthique.

À Briançon, un Colombien de 25 ans, Mauricio Soler, l'emporte sous les yeux de Nicolas Sarkozy, venu respirer l'air du Tour, conforter les organisateurs dans leur âpre lutte pour un cyclisme propre et déclarer : « Les efforts des dirigeants pour que le Tour soit propre doivent être soutenus ».

Le Tour continue. Avec une importante étape contre la montre à Albi. Grosse surprise. Vinokourov, à la moyenne horaire fantastique de 48,673 km/h, surclasse tout le monde. Cadel Evans est à 1.14, Klöden à 1.39, Kashechkin à 1.44. Ce sont tous des spécialistes du contre la montre et ils n'ont pas les genoux bandés. Tous les autres coureurs sont à plus deux minutes. Étrange. Mais le pire est à venir.

Cap maintenant sur les Pyrénées avec une première étape au Plateau de Beille où Alberto Contador devance de justesse Rasmussen, toujours maillot jaune et objet de rumeurs aussi incontrôlées qu'invérifiables. À Loudenvielle, Vinokourov l'emporte après une violente attaque dans le Col de Peyresourde. Plus personne ne comprend rien à rien. Vinokourov, meurtri dans sa chair, se déplaçant avec difficulté, sauf sur son vélo, écrasant vainqueur de l'étape contre la montre, terminant à une demi-heure du premier la première étape de haute montagne, est maintenant le grand vainqueur de l'étape du jour. Il va bien falloir trouver des explications. La journée de repos promet d'être animée.

Il fait beau ce 24 juillet à Pau, mais seuls les coureurs et leur encadrement peuvent se reposer. Dans la salle de presse, les ordinateurs crépitent jusqu'au moment où, au beau milieu de l'après-midi, Patrice Clerc et Christian Prudhomme viennent confirmer ce que le site Equipe.fr vient d'annoncer : « Alexandre Vinokourov, selon le laboratoire de Chatenay-Malabry, a subi une transfusion sanguine homologue détectée lors du contrôle anti-dopage effectué à Albi ».

Vinokourov est aussitôt exclu du Tour. Au plus vite, il regagne son domicile monégasque pour organiser sa défense. L'équipe Astana est, elle aussi, priée de faire ses valises et de quitter Pau avant la fin de la soirée.

Il reste encore une étape de haute montagne avant l'arrivée à Paris. À Gourette, à 4 km du sommet de l'Aubisque, terme de cette étape, dans un curieux mélange de sifflets et d'applaudissements, Rasmussen l'emporte, rejetant Alberto Contador à 3.10 au classement général. Le maillot jaune est donc sifflé. Toutefois, l'étau se resserre. Les rumeurs concernant Rasmussen commencent à devenir fiables. La Fédération danoise fait savoir dès la fin de l'étape qu'elle ne sélectionnera pas Rasmussen pour les prochains championnats du Monde car il n'a pas satisfait aux exigences de plusieurs contrôles inopinés. Rasmussen se défend avec énergie mais le masque tombe lorsqu'un ancien coureur, Davide Cassani, assistant technique à la télévision italienne, se souvient avoir vu le coureur danois s'entraîner dans les Dolomites alors qu'il avait déclaré être au Mexique à cette date. Rasmussen a donc menti. La preuve est établie. Rasmussen a volontairement échappé aux contrôles inopinés. Le soir même, à la demande de son directeur sportif Theo de Rooy et des organisateurs, il quitte le Tour.

Dans le même temps, l'équipe française Cofidis quitte elle aussi le Tour, l'un des siens, Christian Moreni, ayant été contrôlé positif à la testostérone.

Le peloton quitte Pau avec seulement 142 coureurs et sans maillot jaune. Alberto Contador l'endosse au terme de la journée à Castelsarrasin et le conserve jusqu'à Paris. Le problème du dopage est toujours d'actualité.

En présentant l'édition 2008 du tour, son directeur Christian Prudhomme lance un cri « Le Tour toujours ». Tout au long de l'épreuve, ce cri se vérifie à chaque tour de roue des coureurs. Le public n'est pas dupe. Il sait qu'il y a encore des tricheurs. Mais le Tour est un élément du patrimoine national. Il est solidement accroché dans le cœur de chacun.

Tout de suite, les coureurs français sont en action. Jérôme Pineau est troisième à Plumelec, terme de la première étape. Thomas Voeckler endosse le maillot des grimpeurs qu'il ne cède qu'à Super-Besse. Samuel Dumoulin gagne à Nantes où Romain Feillu devient maillot jaune. À Cholet, c'est l'Allemand Schumacher, vainqueur de l'étape contre la montre qui devient le premier du classement général.

L'Italien Riccardo Riccò entre en scène à Super-Besse grâce à une fulgurante accélération en vue de la ligne d'arrivée. Riccò vient de s'illustrer dans le Tour d'Italie. Son surnom, c'est « Le Cobra » parce qu'il étouffe ses adversaires avant de les broyer. L'embellie Riccò est de courte durée. Il récidive trois jours plus tard à Bagnères-de-Bigorre. Son équipier Leonardo Piepoli l'imite à Hautacam. Mais le lendemain, à Lannemezan, sur la ligne même du départ, c'est la gendarmerie qui vient chercher Riccò et le conduire, menottes aux poignets, dans ses locaux. Riccò est coupable d'avoir utilisé de l'EPO de troisième génération. Son équipe Saunier Duval quitte immédiatement le Tour.

Le conflit ASO-UCI étant toujours latent, le Tour est organisé sous l'égide de la Fédération française de cyclisme avec l'Agence française de lutte contre le dopage pour les contrôles. On ne louera jamais assez l'efficacité de l'action de l'AFLD. Riccò était passé entre les mailles du filet au Tour d'Italie. Pas au Tour de France.

Le colombien Duenas, lui aussi, s'est fait cueillir par la gendarmerie à son hôtel de Tarbes tandis que Schumacher, vainqueur des deux étapes contre la montre et l'Autrichien Kohl, meilleur grimpeur, ont été rattrapés par la patrouille quelques jours après la fin du Tour.

Fort heureusement, le public est resté fidèle au Tour. Par millions, comme d'habitude, les spectateurs se sont pressés sur le bord des routes. C'est la plus belle des victoires pour ceux qui luttent sans faiblir pour un cyclisme propre.

2009

LE RETOUR DE LANCE ARMSTRONG N'EST PAS UN BIEN POUR LE CYCLISME

Lance Armstrong a trois objectifs cette année : acquérir encore plus de fonds pour sa fondation en faveur de la lutte contre le cancer, se positionner en candidat au poste de gouverneur du Texas, et redevenir coureur cycliste, trois ans après sa dernière et septième victoire dans le Tour de France.

C'est en étudiant toutes les possibilités de porter le plus loin possible le message de Livestrong (sa fondation) que son entourage et lui ont décidé que le meilleur moyen de réussir était de remonter sur un vélo. « Le vélo, dit-il, c'est ma passion. Je veux l'assouvir encore. » Armstrong, comme il sait le faire, s'est donc remis à l'entraînement, a participé à de longues épreuves de VTT et retrouvé aisément un bon coup de pédale. Il a repris place aux côtés de Johan Bruyneel, son directeur sportif attitré au sein de la formation Astana. Puis, avant une présence en Europe avec une participation au Tour d'Italie et, peut-être, au Tour de France, il a couru l'Australien Tour Down Under, puis le Tour de Californie.

En Australie, il a rencontré le premier ministre de l'État des Nouvelles Galles du Sud, présidé un banquet en faveur de sa fondation et récolté la coquette somme de 50 millions de dollars australiens. Sa prestation modeste au cours de l'épreuve a d'emblée mobilisé nombre de journalistes et de télévisions du monde entier, au point d'éclipser totalement les performances de ses adversaires.

Même chose au Tour de Californie où il a couru pour favoriser la victoire de son compatriote et équipier Levi Leipheimer. Le public est venu en nombre pour le voir, l'encourager et le féliciter, au point que Kevin Johnson, le maire de Sacramento où était donné le départ, escomptait des retombées financières équivalentes à 8,5 millions de dollars contre 3,6 l'année précédente.

Armstrong est donc un personnage populaire aux États-Unis. Il est considéré comme un homme honnête qui se dévoue pour une noble cause. L'Amérique adore ce genre de personnage. Son entourage lui concocte un programme sur mesure pour montrer à tous combien son action est juste, sincère, respectable, ce dont personne ne doute. Une équipe de cinéastes le suit pas à pas pour diffuser plus tard un film retraçant les différentes étapes de son retour. Il rencontre des personnalités : l'ex-président Bill Clinton, Arnold Schwarzenegger, actuel gouverneur de Californie, et le président du Mexique. Des rendez-vous sont pris avec Barak Obama et le chanteur Bono Vox.

Comme Barak Obama durant sa campagne électorale, il possède un site internet : twitter.com/lancearmstrong sur lequel il se raconte en quelques mots. Il y décrit quelques épisodes de sa vie quotidienne. Il lit le *New York Times* tous les jours, va chercher ses enfants à l'école, apporte son soutien en visitant des enfants souffrant du cancer…

Sur le plan cycliste, Armstrong n'a, cette année encore, rien montré. Il est apparu un peu plus massif qu'au temps de sa splendeur. Dans l'étape contre la montre du Tour de Californie, son coup de pédale était heurté, ses trajectoires peu rectilignes. Son assise sur le vélo est plus haute qu'auparavant. On a noté un manque de puissance qui peut se corriger. Sa participation à Milan-San Remo n'a pris de l'importance que pour la télévision. Le Tour de Castille-et-León a vite tourné court en raison d'une chute lors de la première étape, immédiatement suivie par un abandon et un retour aux États-Unis.

C'est bien peu mais ce n'est pas le plus important. Ce qui devient anormal dans ce retour, ce sont les déclarations non suivies de faits. Lance Armstrong devait collaborer avec Don Catlin, une sommité mondiale de la lutte antidopage, ayant en particulier détecté et mis au point avec succès la recherche de la THG, puis celle de l'Aranesp. Cet accord est rompu. Armstrong préfère travailler avec le Danois Damsgaard, médecin de la formation Astana qui vient de quitter l'équipe Saxo Bank de Bjarn Rijs sous prétexte qu'il y a double emploi entre le protocole mis au point par Don Catlin et le passeport biologique mis en place par l'UCI.

Lance Armstrong se dit l'athlète le plus contrôlé au monde mais, lorsqu'un inspecteur médical vient le voir pour procéder à un contrôle, il le laisse à la porte durant 20 minutes alors qu'il doit savoir en tant qu'athlète le plus contrôlé du monde qu'une telle attitude n'est pas autorisée par les règlements.

Enfin, n'est-il pas temps de se demander si le cyclisme a besoin d'Armstrong pour retrouver ses légendaires qualités, à savoir le respect de l'éthique, la vertu, l'honorabilité. Évoluant dans un cyclisme gangrené par le dopage – les seconds d'Armstrong dans le Tour de France ont tous été impliqués dans des affaires de dopage –, Lance Armstrong n'est-il pas un représentant du cyclisme du passé ?

Malgré sa passion pour le cyclisme, Lance Armstrong ne se sert-il pas du cyclisme au lieu de le servir ?

L'attention ne devrait-elle pas se porter sur des coureurs neufs malgré la présence insistante à ses basques des chaînes de télévision qui font de l'audience avec l'Américain au détriment de l'esprit du cyclisme, sport individuel certes mais ne pouvant s'exercer que dans la collectivité ?

Lors de cette édition, Alberto Contador remporte son deuxième Tour de France, malgré l'apparition de Lance Armstrong qui pourtant fait partie de la même équipe.

Tour de France 2010

PEUT-ON ÊTRE AMI ET ADVERSAIRE EN MÊME TEMPS ?

Alors que les préparatifs du Grand départ battent leur plein à Rotterdam, l'observateur se frotte les mains. Les équipes inscrites sur la liste des engagés ont toutes délégué leurs meilleurs coureurs. Alberto Contador remet son titre en jeu. Andy Schleck est son principal rival. Lance Armstrong est présent, mais peu nombreux sont ceux qui croient en ses chances de gagner à nouveau. Bradley Wiggins, Ivan Basso, récent vainqueur du Tour d'Italie, Van de Velde, Karpets, Nicolas Roche, Cadel Evans avec son maillot de champion du monde, Samuel Sanchez, Denis Menchov, Damiano Cunego sont également sur la ligne de départ. Chez les coureurs français, on attend beaucoup de Thomas Voeckler qui vient de conquérir un nouveau titre national, et de Sylvain Chavanel, promu leader de la formation belge Quick Step. C'est un bien beau peloton. Encore faut-il que les uns et les autres soient épargnés par la malchance. Encore faut-il aussi que ces coureurs soient tous en forme au même moment, c'est-à-dire lors des étapes de montagne.

Le parcours est découpé de façon à ce que la première semaine ne soit pas trop ennuyeuse et que le suspense aille croissant avec deux ascensions en deux jours du Tourmalet pour célébrer le centième anniversaire du franchissement des Pyrénées par le Tour. À moins que la vérité finale ne soit obtenue que la veille de l'arrivée lors d'un contre la montre à Bordeaux !

Fabian Cancellara revêt d'entrée le maillot jaune. Ce n'est pas une surprise. C'est la quatrième fois de sa carrière qu'il endosse le premier maillot jaune du Tour. La course prend ensuite la direction de la Belgique pour une halte à Bruxelles. Le peloton est nerveux. Les chutes se multiplient. Les deux dernières ont lieu dans le dernier kilomètre. Une trentaine de concurrents seulement dispute le sprint final dont Petacchi sort victorieux.

Le lendemain, c'est encore une étape belge qui est au programme Bruxelles-Spa, avec bien entendu un passage sur ces routes qui ont fait la légende de Liège-Bastogne-Liège. Sylvain Chavanel, dès le départ, donne le signal de l'offensive et s'enfuit en compagnie de sept concurrents. Dans la deuxième partie de l'étape, dans l'ascension de la Côte de Stockeu – au sommet domine la statue d'Eddy Merckx –, Chavanel s'isole en tête de la course. Il passe le sommet et aborde la difficile descente avec prudence, ce que l'on appelle le « verglas d'été » est formé. Le verglas d'été est un amalgame d'eau, d'épines de conifères et de feuilles d'arbres. Il se dépose sur le goudron et rend la route aussi glissante qu'une patinoire. Le peloton n'a pas la prudence de Chavanel. Les chutes se succèdent. Les voitures des directeurs sportifs tardent à venir secourir les coureurs accidentés. Seuls Cancellara et Cadel Evans réussissent à passer sans dommage. Contador et Armstrong sont un peu plus loin. Les frères Schleck encore plus loin. Cancellara demande à la direction de course une neutralisation qu'il n'obtient pas officiellement. Alors, il décide de lui-même de faire ralentir tout le monde afin que le peloton se reforme. Et tout le monde obéit. Chavanel se retrouve devant, sans aucun coureur à sa poursuite. Il en profite pour filer vers Spa, gagner l'étape et endosser le maillot jaune que Cancellara a bien voulu abandonner.

Le retour en France est très animé avec quelques portions pavés empruntées lors de Paris-Roubaix. C'est l'étape de tous les dangers pour Contador et Andy Schleck, poids légers du cyclisme qui s'expriment surtout lorsque la course prend de la hauteur. Finalement, seul Franck Schleck, victime d'une fracture de la clavicule dans le secteur de Sars-et-Rosières doit quitter la course, Contador ne perd que 1'40 et Armstrong 2'30. Chavanel, victime de crevaisons et d'ennuis mécaniques, est dépouillé de son maillot jaune par Cancellara. Hushovd est le vainqueur de cette étape.

La course trouve maintenant un terrain plus propice aux rapides routiers-sprinters. C'est ainsi que l'on enregistre le succès de Petacchi à Reims, de Cavendish à Montargis – lequel ne peut cacher ses pleurs sur le podium, vaincu par l'émotion – et encore de Cavendish le lendemain à Gueugnon. La montagne approche. Sylvain Chavanel devient, aux Rousses, le premier français double vainqueur d'étape depuis Laurent Jalabert en 2001. Chavanel en profite pour reprendre le maillot jaune. Le lendemain, c'est la première étape de haute montagne. Les Rousses-Morzine-Avoriaz. L'étape commence mal pour Cadel Evans et Lance Armstrong qui se retrouvent à terre mais parviennent à rejoindre le peloton. Armstrong, au cours de cette étape, se rend compte que le poids des ans se fait cruellement sentir. À 50 km de l'arrivée, peu avant l'ascension du Col de la Ramaz, il chute à nouveau. Au prix d'un effort terrible, il réussit, avec l'aide de ses équipiers, à revenir sur le groupe de tête mais à 5 km du sommet, il perd pied. Sans énergie, il tente tant bien que mal de franchir le sommet, espérant retrouver des forces dans la descente, mais la longue montée vers Avoriaz est bien trop difficile pour lui. Il franchit la ligne 11'45 après le vainqueur du jour, Andy Schleck. Armstrong n'aura plus, dès lors, de rôle majeur dans le Tour de France ni dans aucune autre épreuve. Le ressort est cassé. Chavanel, fatigué par son exploit de la veille, cède le maillot jaune à Cadel Evans.

La lutte entre les prétendants à la victoire finale est désormais engagée puisque Andy Schleck vient de remporter sa première étape, mais cette lutte pour le moment n'est qu'une bagarre à coups de secondes. Il semble alors que ce sont les Pyrénées qui vont décider de la victoire finale.

Au départ de Morzine pour Saint-Jean-de-Maurienne, l'attention se concentre sur Cadel Evans. Il porte le maillot jaune et représente un candidat sérieux à la victoire à Paris. Son avant-bras gauche est lardé de trois bandes bleues, conséquences de la chute de la veille sur laquelle il n'a rien voulu dire. En fait, à 45 km de l'arrivée, l'Australien décroche de la tête de la course. Il termine en retard et son premier geste sera de s'excuser auprès de ses équipiers pour n'avoir pas occuper plus longtemps les premières places.

Dans le même temps, les coureurs français, loin des premiers au classement général, profitent de la situation, puisque la lutte semble se circonscrire entre Contador et Andy Schleck pour redonner des couleurs à un cyclisme national qui ne joue plus les premiers rôles. Sandy Casar l'emporte à Saint-Jean-de-Maurienne, Christophe Riblon à Ax 3 Domaines, Thomas Voeckler à Bagnères-de-Luchon.

Cette étape comporte, pour finir, le rugueux Port de Balès. À 7 km du sommet, Andy Schleck qui n'a pas encore attaqué depuis le départ de Contador, se dresse sur ses pédales, mais l'Espagnol en profite aussitôt pour prendre sa roue. Un peu plus loin, à 5 km du sommet, le Luxembourgeois porte une nouvelle attaque plus incisive. Il prend 50 mètres à

Contador et s'emploie à faire fructifier son avance lorsqu'un saut de chaîne inopiné le contraint à mettre pied à terre. Contador le dépasse suivi de Menchov, termine l'ascension et s'engouffre dans la descente. À l'arrivée à Bagnères-de-Luchon, Andy Schleck a perdu 39 secondes sur Contador qui devient maillot jaune avec 8 secondes d'avance sur le Luxembourgeois. L'attitude de l'espagnol est diversement commentée. Devait-il attendre son rival uniquement retardé par un incident mécanique ou au contraire poursuivre son effort comme il l'a fait ?

Plus exactement peut-on être dans le Tour de France à la fois ami et rival lorsqu'il s'agit de la victoire finale ? D'anciens champions ont répondu par la négative. Andy Schleck a botté en touche et n'a pas donné son avis. Contador a simplement fait remarquer qu'il s'était rendu compte trop tard du problème mécanique de son rival.

Le lendemain, c'est l'étape du souvenir Bagnères-de-Luchon-Pau par les cols de Peyresourde, Aspin, Tourmalet et Aubisque. Encore un Français à l'honneur : Pierrick Fedrigo, qui acquiert la septième victoire d'étape française.

Après une journée de repos à Pau, le peloton se prépare à escalader une nouvelle fois le Tourmalet avec arrivée au sommet du col. L'écart entre Contador et Schleck est toujours de 8 secondes. Une broutille. Malgré le brouillard, les audacieux sont nombreux. Par petits groupes, les coureurs tentent de rallier l'arrivée. En tête de la course, ils sont encore une quinzaine à vouloir remporter cette étape de prestige. À 10 km du sommet, Schleck attaque. Seul Contador le suit. Schleck continue sa progression avec Contador dans la roue. À 4 km de l'arrivée, c'est au tour de Contador d'amorcer un démarrage mais Schleck lui répond aussitôt. Les deux hommes poursuivent leur ascension dans le brouillard. Aucun des deux ne cherchera à décrocher l'autre. Il n'y aura même pas de sprint à l'arrivée. Schleck l'emporte devant Contador. À peine la ligne d'arrivée franchie, les deux hommes, toujours sur leur vélo, s'étreignent. On peut donc être dans le Tour de France à la fois ami et rival !

Ne reste plus que le contre la montre de Bordeaux-Pauillac, long de 52 km, la veille de l'arrivée pour départager définitivement les deux protagonistes. Personne ne parie sur les chances de Schleck. Ses chrono dans l'épreuve du contre la montre ne sont pas bons, comparés à ceux de Contador. Et pourtant, Contador réalise, à cette occasion, le plus mauvais contre la montre de sa carrière. Il termine cette étape à la 35e place à 5'43 de Cancellara. Schleck est un peu plus loin derrière. Pour la troisième fois, Contador remporte le Tour de France.

Sur les Champs-Élysées, Cavendish remporte sa 15e victoire d'étape sur le Tour et se rapproche des meilleurs vainqueurs d'étapes. L'heure des récompenses est enfin venue. Deux coureurs français sont à l'honneur : Anthony Charteau, meilleur grimpeur, et Sylvain Chavanel, super combatif. Sur le podium, Schleck et Menchov entourent Contador. Un photographe plus talentueux que les autres immortalisera le regard d'envie de Schleck vers Contador. Le Luxembourgeois est passé près de la victoire, d'autant plus que Contador déclare, lors de la traditionnelle conférence de presse, qu'il a connu beaucoup de moments difficiles dans ce Tour, mais qu'il a su ne pas les montrer. L'histoire aurait pu se terminer comme d'habitude par les flonflons parisiens mais Contador ne l'a pas voulu.

Au cours du repas qui réunit traditionnellement les équipes au soir d'un grand Tour, Vinokourov demande à Contador si celui-ci est prêt à signer à nouveau l'an prochain pour la même équipe. Contador, devant tous ses équipiers, devant le staff technique et les commanditaires de l'équipe répond qu'il n'y a pas de problème. Il est prêt à signer à nouveau. Ce n'est en fait qu'un mensonge car on apprend quelques jours plus tard que, lors de l'étape de repos à Pau, Contador a négocié un contrat de deux ans avec Bjarn Rijs chez Saxo Bank, lequel vient de perdre les frères Schleck et Cancellara.

Un peu plus tard, Contador est prévenu par l'Union cycliste international qu'un contrôle anti-dopage s'est révélé positif le concernant. On a trouvé des traces de clembuterol dans ses urines. Aussitôt, Contador est suspendu. La Fédération espagnole doit décider d'une sanction car les résultats des analyses ne souffrent aucune discussion. Mais la Fédération fait traîner les choses. Influencée par le chef du gouvernement espagnol Zapatero, qui ne peut accepter que son pays soit accusé de dopage, la Fédération espagnole blanchit Contador. L'UCI réplique, en portant l'affaire devant le Tribunal Arbitral du Sport (le TAS). On attend le verdict du TAS tout en faisant remarquer que Contador a choisi pour se défendre les meilleurs avocats d'Europe…

En attendant, Contador peut courir. On saura peut-être avant le départ du Tour 2011 s'il peut y prendre part. Le suspense est entier.

ANNEXES

ÉVOLUTION DU TOUR DE FRANCE

1902

Novembre : la création du Tour de France est décidée et mise en application. Le directeur général est Henri Desgrange. Le directeur de course, chronométreur, juge à l'arrivée et envoyé spécial de *L'Auto* est Géo Lefèvre assisté de Fernand Mercier. Le starter est Georges Abran.

1903

1er juillet : départ devant le café Le Réveil-Matin à Montgeron, dans la banlieue sud-ouest de Paris, de la première étape du premier Tour de France. La course est individuelle et le classement s'effectue au temps. Maurice Garin remporte l'épreuve avec 2 h 49 d'avance sur Pothier. À Toulouse, le cinéma fait son apparition en projetant sur le lieu du départ des images du Tour.

1904

Des manifestations et des agressions contre les coureurs nuisent au bon déroulement de l'épreuve. Henri Desgrange songe à supprimer l'épreuve. Quatre mois après l'arrivée, l'Union vélocipédique de France déclasse pour fraude les quatre premiers, Maurice Garin, Pothier, César Garin et Aucouturier pour violation des règlements. Henri Cornet, âgé de vingt ans, est déclaré vainqueur. À ce jour, il est encore le plus jeune vainqueur du Tour.

1905

Création du poste de commissaire général, confié au journaliste Victor Breyer. Le classement selon le temps réalisé est abandonné pour le classement par points. La présence des entraîneurs est autorisée dans la première et la dernière étape. Première incursion dans le massif vosgien avec le ballon d'Alsace et dans le massif alpin avec la côte de Laffre et le col Bayard.

1906

Le Tour traverse l'Alsace-Lorraine, alors allemande. Incursion en Italie et en Espagne. Le Tour suit à peu près les contours de la France avec étape à Lille, à Nice, à Bayonne et à Brest. Création de la flamme rouge qui indique le dernier kilomètre.

1907

Première incursion en Suisse avec la traversée de Genève lors de l'étape Lyon-Grenoble. Émile Georget remporte six étapes (Metz, ex aequo avec Trousselier, Belfort, Grenoble, Nîmes, Toulouse et Caen).

1909

Suppression des « entraîneurs » humains dans les étapes du Tour. Le vainqueur du Tour, le Luxembourgeois François Faber, remporte six étapes dont cinq consécutives.

1910

Premières escalades des grands cols des Pyrénées : les cols de Peyresourde, d'Aspin, du Tourmalet et de l'Aubisque. Gustave Garrigou, le seul coureur qui n'ait pas mis pied à terre dans le Tourmalet, reçoit une prime de cent francs. Création de la voiture-balai.

1911

Apparition des équipes sponsorisées par des marques. Premières grandes escalades dans les Alpes avec le franchissement des cols du Télégraphe et du Galibier.
Le Stéphanois Panel expérimente en montagne une machine dotée d'un changement de vitesse.

1913

On rétablit le classement au temps. Il est toujours en vigueur.

1914

Création des plaques de cadres.

1919

Suppression des équipes. Les coureurs sont classés en deux catégories, A et B. Création du maillot jaune pour le premier du classement général. Le 19 juillet, au départ de l'étape de Grenoble, à deux heures du matin, Eugène Christophe reçoit et porte le premier maillot jaune de l'histoire.

1921

Premières voitures particulières pour la presse étrangère.

1923

Création des touristes-routiers. Création des bonifications en temps reportées au classement général individuel pour les vainqueurs d'étapes.

1924

Albert Londres, de retour de Cayenne, crée l'expression « les forçats de la route ».

1926

Retour des équipes sponsorisées pas des marques. Premier départ hors de Paris (Évian).

1927

Création des départs séparés pour certaines étapes de plaine.

1929

Suppression des départs séparés, sauf si la moyenne est inférieure à 30 km/h. Sur Radio Cité, Jean Antoine et Alex Virot réalisent les premiers reportages radiophoniques en direct.

1930

Création des équipes nationales. Les coureurs utilisent des bicyclettes de couleur jaune, fournies par l'organisation. Création du Challenge international par équipes. Apparition de la caravane publicitaire.

1931

Tout vainqueur d'étape ayant une avance supérieure à trois minutes sur le deuxième arrivé reçoit une bonification supplémentaire d'une minute. Seuls André Godinat, le champion de France, et Antonin Magne bénéficient de cette mesure.

1932

Bonifications en temps accordées aux trois premiers de chaque étape.

1933

Création du Grand Prix de la Montagne. Les bonifications en temps sont accordées seulement aux vainqueurs d'étapes. Une escorte de la gendarmerie suit le Tour durant toute l'épreuve.

1934

Une bonification en temps est accordée au premier de chaque col comptant pour le Grand Prix de la Montagne. Elle est égale à l'écart séparant le premier du deuxième au sommet, avec un maximum de deux minutes. Première étape contre la montre individuelle longue de 80 km entre La-Roche-sur-Yon et Nantes.

1935

Apparition des demi-étapes.

1936

Apparition des tiers d'étape. Première participation de coureurs roumains et yougoslaves.

1937

Généralisation du dérailleur. Roger Lapébie est le premier vainqueur avec une bicyclette munie d'un dérailleur.

1938

Suppression des coureurs individuels.

1939

Élimination du dernier du classement général après la deuxième étape.

1947

Les organisateurs sont la Société du Parc des Princes et les journaux *L'Équipe* et *Le Parisien libéré*. Jacques Goddet est directeur général, Félix Lévitan et Charles Joly directeurs adjoints. Les équipes sont dirigées par des directeurs techniques. Incursions en Belgique et au Luxembourg. Premier direct radiophonique en course avec Georges Briquet.

1948

Élimination du dernier du classement général de la troisième à la dix-huitième étape. Incursion en Italie.

1949

Incursion en Espagne. Inauguration du monument à Henri Desgrange dans le col du Galibier.

1952

Création de la prime du plus combatif Apparition de la télévision dans le Tour.

1953

À l'occasion du cinquantenaire du Tour, création du maillot vert, le maillot de la régularité.

1954

Premier départ donné à l'étranger, à Amsterdam (Pays-Bas).

1955

Création de la « photo finish » pour départager les concurrents sur la ligne d'arrivée.
Premier transfert, depuis 1906, sur le parcours Châtellerault-Poitiers.

1960

Premier transfert par train sur le parcours Bordeaux-Mont-de-Marsan.

1962

Retour des équipes de marques qui remplacent les formations nationales et régionales.

1965

Premier départ donné en Allemagne fédérale, à Cologne.

1966

Première grève des coureurs. Ils protestent contre un contrôle anti-dopage effectué la veille.

1967

Retour à la formule des équipes nationales et régionales. Création du prologue à Angers.

1969

Retour aux équipes de marques, toujours en vigueur aujourd'hui.

1971

Premiers transferts aériens entre Le Touquet et Paris et entre Marseille et Albi. Création du prologue par équipes.

1974

Premier transfert maritime et aérien entre Roscoff et Plymouth.

1975

Première arrivée sur les Champs-Élysées. Création du maillot à pois (meilleur grimpeur) et du maillot blanc (meilleur jeune).

1978

Création du Trophée du meilleur rouleur.

1980

C'est désormais la Société du Tour de France qui organise l'épreuve.

1983

Première participation des coureurs colombiens, le Tour ayant adopté la formule dite « open ».

1984

Création du maillot rouge dans le classement des sprints intermédiaires.

1985

Création du maillot Présence assimilant les classements individuels selon le temps, le classement du meilleur grimpeur et le classement par points.

1987

Félix Lévitan quitte la Société du Tour de France. Départ le plus éloigné de France, à Berlin (Allemagne).

1988

Jean-Pierre Courcol devient directeur de la Société du Tour de France. Le prologue est remplacé par une préface. Création du village-départ.

1989

Jean-Pierre Carenso devient directeur général de la Société du Tour de France, Jean-Marie Leblanc, directeur des compétitions.

1992

Premier départ d'Espagne, à Saint-Sébastian. Le parcours s'inspire de l'Europe avec des étape à Saint-Sébastien, à Bruxelles (Belgique), à Walkenburg (Pays-Bas), à Coblence (Allemagne), à Luxembourg et à Sestrières (Italie). Premiers essais du dérailleur électrique par un coureur français, Philippe Louviot.

1993

La Société du Tour de France devient une filiale de Amaury Sports Organisation, holding des Éditions Amaury pour les organisations sportives, présidée par Jean-Claude Killy.

1994

Le Tour emprunte le tunnel sous la Manche.

1999

Création du dossard rouge (classement du plus combatif).

2001

Patrice Clerc devient président d'ASO.

2005

Septième victoire consécutive de l'Américain Lance Armstrong.

2006

L'américain Floyd Landis est déclaré positif, quatre jours après son succès final.

2007

Jean-Marie Leblanc fait valoir ses droits à la retraite. Il est remplacé par Christian Prudhomme.
Le départ du Tour est donné pour la première fois de son histoire à Londres.

2010

Pour célébrer le centième franchissement du massif pyrénéen, rétablissement de l'étape mythique avec les quatre grands cols Peyresourde, Aspin, Tourmalet et Aubisque. Deux escalades du Tourmalet en deux jours avec le deuxième jour l'arrivée jugée au sommet du col.

QUELQUES CHIFFRES

95 Tours de France ont été disputés de 1903 à 2008.

54 vainqueurs différents ont été récompensés. Ils représentent 11 nations : France, Luxembourg, Belgique, Italie, Suisse, Espagne, Pays-Bas, États-Unis, Irlande, Danemark et Allemagne.

21 Français ont remporté 36 fois le Tour. Ils devancent les Belges (10 coureurs pour 18 victoires), les Américains (10 victoires pour 2 coureurs), les Espagnols (10 victoires pour 6 coureurs) et les Italiens (9 victoires pour 6 coureurs).

Un coureur remporte 7 fois consécutives le Tour : Lance Armstrong.

4 coureurs remportent 5 fois le Tour : Jacques Anquetil, Eddy Merckx, Bernard Hinault et Miguel Indurain.

L'Italien Gino Bartali est le seul coureur à avoir été vainqueur à deux reprises à 10 ans d'intervalle, en 1938 et en 1948.

En 1930, Charles Pélissier remporte 8 étapes dont les 4 dernières et termine 7 fois à la deuxième place.

Le Hollandais Joop Zoetemelk dispute et termine 16 Tours de France, dont 1 fois en vainqueur, en 1980, et 6 fois à la deuxième place.

Raymond Poulidor est le recordman de la présence sur le podium : 8 fois (dont 3 fois deuxième et 5 fois troisième) pour 14 participations.

Charles Laeser, coureur de nationalité suisse, est le premier vainqueur d'étape étranger, à Bordeaux en 1903.

CLASSEMENT FINAL
DU PREMIER TOUR DE FRANCE
1903

1er : Maurice Garin (France). Il réalise le Tour de France en 94 heures 33 minutes et 14 secondes, soit une moyenne horaire de 26,450 km/h.
2e : Lucien Pothier (France) à 2 heures, 59 minutes et 21 secondes plus tard.
3e : Fernand Augereau (France) à 4 heures 29 minutes et 24 secondes.
21e et dernier : Arsène Millocheau (France) à 64 heures, 27 minutes et 8 secondes, soit à plus de deux jours du vainqueur.

Les primes accordées aux coureurs du premier Tour de France sont les suivantes :

Maurice Garin : 6 000 francs
Lucien Pothier : 2 450 francs
Hippolyte Aucouturier : 1 800 francs
Fernand Augereau : 1 575 francs
Rodolphe Muller : 1200 francs
Léon Georget : 900 francs
Jean Fischer : 775 francs
Julien Lootens, dit Samson : 750 francs
Émile Pagie : 700 francs
Charles Laeser : 700 francs

Georges Pasquier : 600 francs
Eugène Brange : 600 francs
Marcel Kerff : 475 francs
Aloïs Catteau : 100 francs
François Beaugendre : 100 francs
Jean Dargassies : 50 francs
Julien Girbe : 50 francs
Ferdinand Payan : 50 francs
Ernest Pivin : 50 francs
Josef Fischer : 25 francs [1]

1. *Nota bene* : À l'époque, le salaire horaire d'un ouvrier est de 2 francs.

LES VAINQUEURS DU TOUR

1903 : Maurice Garin (France)
1904 : Henri Cornet (France)
1905 : Louis Trousselier (France)
1906 : René Pottier (France)
1907 : Lucien Petit-Breton (France)
1908 : Lucien Petit-Breton (France)
1909 : François Faber (Luxembourg)
1910 : Octave Lapize (France)
1911 : Gustave Garrigou (France)
1912 : Odile Defraye (Belgique)
1913 : Philippe Thys (Belgique)
1914: Philippe Thys (Belgique)
Le Tour de France n'est pas organisé en 1915, 1916, 1917 et 1918.
1919 : Firmin Lambot (Belgique)
1920 : Philippe Thys (Belgique)
1921 : Léon Scieur (Belgique)
1922 : Firmin Lambot (Belgique)
1923 : Henri Pélissier (France)
1924 : Ottavio Bottechia (Italie)
1925 : Ottavio Bottechia (Italie)
1926 : Lucien Buysse (Belgique)
1927 : Nicolas Frantz (Luxembourg)
1928 : Nicolas Frantz (Luxembourg)
1929 : Maurice Dewaele (Belgique)
1930 : André Leducq (France)

1931 : Antonin Magne (France)
1932 : André Leducq (France)
1933 : Georges Speicher (France)
1934 : Antonin Magne (France)
1935 : Romain Maes (Belgique)
1936 : Sylvère Maes (Belgique)
1937 : Roger Lapébie (France)
1938 : Gino Bartali (Italie)
1939 : Sylvère Maes (France)
Le Tour de France n'est pas organisé en 1940, 1941, 1942, 1943, 1944, 1945 et 1946.
1947 : Jean Robic (France)
1948 : Gino Bartali (Italie)
1949 : Fausto Coppi (Italie)
1950 : Ferdi Kubler (Suisse)
1951 : Hugo Koblet (Sisse)
1952 : Fausto Coppi (Italie)
1953 : Louison Bobet (France)
1954 : Louison Bobet (France)
1955 : Louison Bobet (France)
1956 : Roger Walkowiak (France)
1957 : Jacques Anquetil (France)
1958 : Charly Gaul (Luxembourg)
1959 : Frederico Bahamontes (Espagne)
1960 : Gastone Nencini (Italie)
1961 : Jacques Anquetil (France)
1962 : Jacques Anquetil (France)
1963 : Jacques Anquetil (France)
1964 : Jacques Anquetil (France)
1965 : Felice Gimondi (Italie)
1966 : Lucien Aimar (France)
1967 : Roger Pingeon (France)
1968 : Jan Janssen (Hollande)
1969 : Eddy Merckx (Belgique)
1970 : Eddy Merckx (Belgique)

1971 : Eddy Merckx (Belgique)
1972 : Eddy Merckx (Belgique)
1973 : Luis Ocana (Espagne)
1974 : Eddy Merckx (Belgique)
1975 : Bernard Thévenet (France)
1976 : Lucien Van Impe (Belgique)
1977 : Bernard Thévenet (France)
1978 : Bernard Hinault (France)
1979 : Bernard Hinault (France)
1980 : Joop Zoetemelk (Hollande)
1981 : Bernard Hinault (France)
1982 : Bernard Hinault (France)
1983 : Laurent Fignon (France)
1984: Laurent Fignon (France)
1985 : Bernard Hinault (France)
1986 : Greg LeMond (États-Unis)
1987 : Stephen Roche (Irlande)
1988 : Pedro Delgado (Espagne)
1989 : Greg LeMond (États-Unis)
1990 : Greg LeMond (États-Unis)
1991 : Miguel Indurain (Espagne)
1992 : Miguel Indurain (Espagne)
1993 : Miguel Indurain (Espagne)
1994 : Miguel Indurain (Espagne)
1995 : Miguel Indurain (Espagne)
1996 : Bjarn Rijs (Danemark)
1997: Jan Ullrich (Allemagne)
1998 : Marco Pantani (Italie)
1999 : Lance Armstrong (États-Unis)
2000 : Lance Armstrong (États-Unis)
2001 : Lance Armstrong (États-Unis)
2002 : Lance Armstrong (États-Unis)
2003 : Lance Armstrong (États-Unis)
2004 : Lance Armstrong (États-Unis)
2005 : Lance Armstrong (États-Unis)

2006 : Oscar Pereiro (Espagne)
2007 : Alberto Contador (Espagne)
2008 : Carlos Sastre (Espagne)
2009 : Alberto Contador (Espagne)
2010 : Alberto Contador (Espagne)

LES DIRECTEURS DU TOUR DE FRANCE

Henri Desgrange

Convaincu que le corps humain est fait pour l'exercice physique, Henri Desgrange, né en 1865, et qui vient de découvrir le sport cycliste, établit en 1893 le premier record de l'heure sans entraîneur, avec la marque de 35,325 km. Parallèlement, il publie *La Tête et les Jambes*, un ouvrage dans lequel il expose l'idée suivante : « L'organisme est une pâte que l'on peut modeler. C'est une question de volonté, de méthode et d'intelligence. » Il met en pratique ses idées en apprenant le crawl à soixante ans, mais s'est toujours montré incapable de conduire une voiture malgré de nombreuses tentatives.

Ascète, il applique à ses collaborateurs et aux coureurs du Tour ses principes de vie, à l'origine notamment de ses nombreux démêlés avec les frères Pélissier. Quant à ses collaborateurs, ils le surnomment « Bostock », du nom d'un intrépide dompteur de fauves de l'époque. Homme de culture, très proche des milieux littéraires, il crée la revue *Coemedia*, vite abandonnée, les directeurs de théâtre n'offrant de publicité qu'en échange de papiers favorables.

À cinquante ans, il s'engage dans l'armée, sous le pseudonyme d'Henri Desgreniers, et envoie du front des papiers aussi pompeux que patriotiques. Il quitte l'armée, reçoit la croix de guerre et, en 1919, il est élevé à la dignité d'officier dans l'ordre de la Légion d'honneur. Il meurt en 1940.

En 1902, il a été à l'origine, avec Victor Goddet, le juriste Fremont et l'ingénieur Durand, de la construction du vélodrome d'Hiver de Paris. L'histoire retient qu'il découvrit le terrain disponible en chassant le lapin, un dimanche matin, au pied de la tour Eiffel.

Jacques Goddet

« Sa vie est un hymne », dit de lui l'écrivain Louis Nucéra. Fils de Victor Goddet, l'administrateur du journal *L'Auto,* Jacques Goddet, né en 1905, est bercé par le sport dès son plus jeune âge. Après des études en Angleterre, il entre en 1926 à *L'Auto*, où il signe ses premiers articles « L'ami Bini », du nom du héros d'une bande dessinée de l'époque. Il s'initie alors, sous l'œil bienveillant d'Henri Desgrange aux rouages de la direction et de la rédaction. En 1932, il est le seul envoyé spécial de la presse française aux Jeux Olympiques de Los Angeles. En 1936, il est l'un des rares à dénoncer la confiscation des Jeux de Berlin par le nazisme et s'oppose violemment à ce sujet à Pierre de Coubertin.

Après la guerre, il crée *L'Équipe* qui succède à *L'Auto* et fait revivre le Tour de France en 1947. Il participe activement à la fondation puis à l'exploitation du nouveau Parc des Princes, du Palais des Sports et enfin du Palais omnisports de Paris-Bercy. Il met sur pied, avec l'aide de Gabriel Hanot, la Coupe d'Europe des clubs champions de football. Avec lui, le Tour de France entre dès 1947 dans sa phase de modernisation, acceptant en particulier le retour aux équipes de marques puis l'introduction du cyclisme open.

Jacques Goddet suit pour la première fois le Tour en 1928 entre La Rochelle et Marseille. Il en prend la direction en 1936, à Charleville, à la suite d'une indisposition d'Henri Desgrange et le dirige jusqu'en 1987. Pendant deux ans encore, il participe sur la route aux activités du Tour, ne le quittant définitivement qu'en 1989. Il meurt en 2000.

Félix Lévitan

Très jeune il est attiré par le cyclisme et l'écriture. Habitant non loin du vélodrome d'Hiver, il se lie avec les dirigeants et les coureurs de la fin des années 1920. À dix-sept ans, il publie son premier article dans le journal *La Pédale* sous le titre « Vouloir, c'est pouvoir ». Cette devise est restée la sienne durant toute sa vie professionnelle. Responsable de la rubrique sportive du *Parisien libéré*, il est appelé aux côtés de Jacques Goddet lors de la reprise du Tour en 1947. Toute l'organisation passe par lui : règlement, parcours, caravane publicitaire, service médical, hébergement, relations avec les partenaires, adaptation de la télévision... Son sens de la rigueur et de la minutie est apprécié. Il devient codirecteur lorsque le Tour devient déficitaire, situation à laquelle il remédie grâce aux subventions réclamées aux villes hébergeant le Tour. Pour le soixante-quinzième anniversaire du Tour, il écrit : « Le Tour est l'Exemple de la recherche attentive de nouveautés assimilables ; il est l'Exemple de la rigueur dans leur application ; il est l'Exemple de la perfection dans le détail ; il est le respect des règles : celles édictées par les pouvoirs publics, celles définies par les autorités sportives. » Ces propos sont toujours d'actualité et définissent la ligne de conduite actuelle de l'épreuve. On doit à Félix Lévitan l'arrivée du Tour sur les Champs-Élysées.

Président-fondateur de l'Union syndicale des journalistes de sport de 1958 à 1968 – association qui milite pour que les journalistes de sport soient considérés comme leurs confrères journalistes –, puis président de l'Association internationale de la presse sportive, Félix Lévitan quitte le Tour en 1987, après avoir mis en place le départ de Berlin-Ouest. Félix Lévitan décède au début de l'année 2007.

Jean-Marie Leblanc

Il engendre la convivialité et garde toujours pour les coureurs un grand sentiment de respect et fraternité. Car il fut coureur, lui, le fils d'un dirigeant de club cycliste de l'Avesnois. Cinq ans professionnel sous la direction de Maurice de Muer, il participe à deux reprises au Tour de France, en 1968 dans l'équipe de France B, et en 1970 aux côtés de Luis Ocana et de Jan Janssen au sein de la formation Bic. C'est l'époque de la toute-puissance d'Eddy Merckx. Il a vingt-huit ans lorsqu'il entre à *La Voix du Nord* en tant que journaliste stagiaire. Il couvre surtout les sujets de l'actualité pugilistique. Plus tard, il est appelé à la rédaction de *L'Équipe*, devient chef de la rubrique cyclisme et rédacteur en chef du magazine *Vélo*. En 1989, il prend en main les destinées du Tour de France.

Issu du sérail cycliste, homme de dialogue et de consensus, mais aussi de rigueur, de fermeté et de minutie, Jean-Marie Leblanc a beaucoup appris aux côtés de Jacques Goddet en étant la « voix » du Tour sur les ondes de la radio interne de l'épreuve. Doté d'un charisme inégalable auprès de ses pairs, des coureurs et des instances dirigeantes, cet héritier d'un patrimoine national fabuleux suscite ce compliment de Jacques Goddet, après le Tour 1998 qu'il ramène à Paris malgré la tourmente : « Tout ce que Leblanc a fait, je l'aurais fait. Le Tour est bien gardé. »

Jean-Marie Leblanc prend sa retraite le 1e février 2007. Il a formé durant deux ans son successeur Christian Prudhomme.

Christian Prudhomme

Il se définit lui-même comme étant un « français de l'intérieur » en raison de ses attaches maternelles avec l'Alsace et paternelles avec Paris et sa proche banlieue. D'ailleurs son club de football favori est le Racing Club de Strasbourg.

Son père, médecin, est un véritable passionné de la chose sportive qui, handicapé physique, n'a pourtant jamais pu exercer une activité mettant le corps à contribution. À peine sorti de l'enfance, il écoute avec son père les reportages de Luc Varenne sur les ascensions de la Côte de la Redoute ou du Rosier. Sa passion pour le Tour de France est innée. Elle ne s'explique donc pas. Son premier souvenir du Tour, c'est en 1968, la victoire de Jan Janssen. Il n'a alors que huit ans mais cette passion grandit au fur et à mesure que l'enfant devient adolescent puis adulte. Dans l'appartement parisien de ses parents, durant le Tour, il y a un transistor dans chaque pièce pour écouter les reportages du Tour et c'est avec une grande tristesse qu'il apprend à son père entre deux consultations la chute de Luis Ocana lors de l'édition 71 de l'épreuve.

Christian Prudhomme est assurément un homme de média. Très jeune, il veut être journaliste. Il obtient le bac puis le diplôme de langues étrangères (anglais et allemand) qui lui permet de postuler dans une école de journalisme. Major de sa promotion à l'Ecole supérieure de journalisme de Lille, il entre à RTL pour un stage de trois mois puis présente une émission hebdomadaire de sport sur RFO (chaîne de télévision destinée aux territoires d'outre-mer et à leurs ressortissants habitant en métropole), fait partie de l'équipe de la Cinq qui bouleverse le ronron des chaînes de la télévision publique, commente divers sports dont le Tour de France pour Europe 1, participe à la création de *L'Équipe TV* avant de signer en 2001 à France Télévisions, année où il commente, pour la première fois et à la satisfaction générale, le Tour pour la télévision.

Le 12 avril 2003, à Compiègne, la veille de Paris-

Roubaix, Jean-Marie Leblanc lui propose de lui succéder lorsque sera venu le temps de sa retraite. Après deux années de collaboration totale avec Jean-Marie Leblanc Christian Prudhomme devient le patron du Tour.

L'esprit du Tour est donc conservé, puisque depuis sa naissance, en 1903, ce sont toujours des journalistes qui l'ont dirigé. Henri Desgrange, Jacques Goddet, seul puis en collaboration avec Felix Levitan et Jean-Marie Leblanc, étaient des journalistes comme l'est Christian Prudhomme.

Le nouveau patron du Tour considère sa tâche comme une mission. Il sait que le Tour doit être aimé de tous. C'est sa préoccupation première. Il est persuadé que le cyclisme n'a pas besoin du dopage pour être un grand spectacle. Et de prendre pour exemple le français Thomas Voeckler, se battant avec ses seules forces, pour conserver le plus longtemps possible le maillot jaune en franchissant la ligne d'arrivée, jour après jour, le visage déformé par l'effort.

Homme de média, Christian Prudhomme sait que le Tour, glorifié par la presse écrite, popularisé par la radio, magnifié par la télévision va vivre désormais à l'heure de la haute définition. La qualité de l'image sera encore plus irréprochable. À Christian Prudhomme, comme ses prédécesseurs de réaliser l'alliance entre l'éthique de la compétition, le désir légitime des partenaires d'être vus, la diversité des régions traversées et la sécurité du public qui se presse en masse sur le bord de la route. Il y réussira car en raison de ses qualités naturelles, le journaliste qui aime le Tour avec passion ne peut que réussir.

LES LIVRES SUR LE CYCLISME PARUS AUX ÉDITIONS JACOB-DUVERNET

COFFRET LÉGENDES DU VÉLO, 2010

LES PETITES HISTOIRES DE LA GRANDE BOUCLE,
Jean-Paul Brouchon, 2010

MES QUATRE VÉRITÉS,
Raphaël Geminiani et Jean-Paul Vespini, 2010

LE TOUR DE FRANCE (GUIDE),
Jean-Paul Brouchon, 2010

LAURENT FIGNON, LA DERNIÈRE ÉCHAPÉE,
Jean-Paul Vespini, 2010

LES MERVEILLEUSES HISTOIRES DU TOUR DE FRANCE,
Jean-Paul Brouchon, 2009

CAHIER DE VACANCES SPÉCIAL TOUR DE FRANCE,
Jean-Paul Brouchon, 2009

LE PREMIER TOUR DE FRANCE, TOUT A COMMENCÉ EN 1903,
Jean-Paul Vespini, 2009

LE POULIDOR,
Raymond Poulidor et Jean-Paul Brouchon, 2009

LE HINAULT,
Bernard Hinault et Jean-Paul Brouchon, 2008

LE TOUR SE JOUE À L'ALPE D'HUEZ,
Jean-Paul Vespini, 2008

POULIDOR INTIME,
Raymond Poulidor et Jean-Paul Brouchon, 2007

THÉVENET PAR BERNARD THÉVENET,
Bernard Thévenet et Jean-Paul Brouchon, 2006

HINAULT PAR BERNARD HINAULT,
Bernard Hinault et Jean-Paul Brouchon, 2005

POULIDOR PAR RAYMOND POULIDOR,
Raymond Poulidor et Jean-Paul Brouchon, 2004

Cet ouvrage a été achevé d'imprimer en mai 2011
dans les ateliers de Normandie Roto Impression s.a.s.
61250 Lonrai
N° d'impression : 11-1896
Dépôt légal : mai 2011
ISBN : 978-2-84724-346-8

Imprimé en France